Friends of God.

いのちの糧366日

hi-b.a. 川口竜太郎

高校生聖書伝道協会

いのちのことば社

この本を読むあなたへ

　ディボーションって、続けようとしてもなかなか続かないですよね。それは、意志の弱さが原因ではないと思います。そもそも、生活スタイルにディボーションの習慣が組み込まれていないのではハードルが高いかもしれません。ディボーションを始めるやいなや、容赦なく眠気が襲いかかりますし、後回しの誘惑もあります。

　だからと言って、〝不信仰な自分〟と責める必要はありません。

　大丈夫、みんなそうです。初めから高いハードルを設定せずに、一日一節でも神さまのことばに親しんでいきましょう。

　この本では、あなたが毎日ディボーションをして、神さまの親しい友だちになることが目的です。みことばの恵みを凝縮させ、300字以内にまとめています。少しずつこつこつと、日々みことばの恵みを受け取りましょう。

　Friends of God.

川口　竜太郎

引用聖書巻名（カッコ内は略）

旧約聖書

創世記（創世）
出エジプト記（出エジプト）
レビ記（レビ）
民数記（民数）
申命記（申命）
ヨシュア記（ヨシュア）
士師記（士師）
ルツ記（ルツ）
サムエル記 第一（Ⅰサムエル）
サムエル記 第二（Ⅱサムエル）
列王記 第一（Ⅰ列王）
列王記 第二（Ⅱ列王）
歴代誌 第一（Ⅰ歴代）
歴代誌 第二（Ⅱ歴代）
エズラ記（エズラ）
ネヘミヤ記（ネヘミヤ）
エステル記（エステル）
ヨブ記（ヨブ）
詩篇
箴言
伝道者の書（伝道者）
雅歌
イザヤ書（イザヤ）
エレミヤ書（エレミヤ）
哀歌
エゼキエル書（エゼキエル）
ダニエル書（ダニエル）
ホセア書（ホセア）
ヨエル書（ヨエル）
アモス書（アモス）
オバデヤ書（オバデヤ）
ヨナ書（ヨナ）
ミカ書（ミカ）

ナホム書（ナホム）
ハバクク書（ハバクク）
ゼパニヤ書（ゼパニヤ）
ハガイ書（ハガイ）
ゼカリヤ書（ゼカリヤ）
マラキ書（マラキ）

新約聖書

マタイの福音書（マタイ）
マルコの福音書（マルコ）
ルカの福音書（ルカ）
ヨハネの福音書（ヨハネ）
使徒の働き（使徒）
ローマ人への手紙（ローマ）
コリント人への手紙 第一（Ⅰコリント）
コリント人への手紙 第二（Ⅱコリント）
ガラテヤ人への手紙（ガラテヤ）
エペソ人への手紙（エペソ）
ピリピ人への手紙（ピリピ）
コロサイ人への手紙（コロサイ）
テサロニケ人への手紙 第一（Ⅰテサロニケ）
テサロニケ人への手紙 第二（Ⅱテサロニケ）
テモテへの手紙 第一（Ⅰテモテ）
テモテへの手紙 第二（Ⅱテモテ）
テトスへの手紙（テトス）
ピレモンへの手紙（ピレモン）
ヘブル人への手紙（ヘブル）
ヤコブの手紙（ヤコブ）
ペテロの手紙 第一（Ⅰペテロ）
ペテロの手紙 第二（Ⅱペテロ）
ヨハネの手紙 第一（Ⅰヨハネ）
ヨハネの手紙 第二（Ⅱヨハネ）
ヨハネの手紙 第三（Ⅲヨハネ）
ユダの手紙（ユダ）
ヨハネの黙示録（黙示録）

1月

January

日

迷わず踏み出せ

> 見よ、わたしは新しいことを行う。今、それが芽生えている。
> あなたがたは、それを知らないのか。必ず、わたしは荒野に道
> を、荒れ地に川を設ける。　　　　　　　　　[イザヤ43:19]

　あなたは新しいことに挑戦する。それには勇気が必要だ。できるから挑戦するんじゃない。挑戦したから、できるようになる。挑戦して失敗した経験のほうが、挑戦しないでくすぶった経験よりはるかにいい。結局のところ、頭の良さじゃない。小利口になる必要などないんだ。ちょっとぬけてて、頭が悪くていい。

　人から何かを言われることに怯（おび）えるな。大失敗したら、笑って吹き飛ばそう。神さまはあなたとともに、これから大きなことをなそうとしている。今はあなたも周りの人も、知らないことかもしれない。

　でもそれは、多くの人に祝福が与えられることなんだ。必要なことは、能力やポジションじゃない。

　信仰と、勇気ある行動。もし、あなたが神さまを信じるなら、神さまは必ず神の栄光を見せてくれる。

日

神さまの視線

....

> 私はいつも　主を前にしています。／主が私の右におられる
> ので／私は揺るがされることがありません。　　［詩篇16:8］

　目には見えない神さまを前にするって、どういうことだと思う？　神さまって見えないから、よくわからないかもしれない。でも生活の中で、神さまが一緒にいることを意識すれば、それができるんだ。

　別の言い方をすると、神さまの視線を覚えるってことかもしれない。

　神さまを喜び、神さまからも喜ばれる、そんな生き方が、いつもできたらいいよね。

　簡単なことじゃないと思う。生きていればいろいろあるし、毎日が順調なんてありえないから。

　見られているからってプレッシャーに思わないで、神さまに見られているからこそ、失敗ができるんだよね。あなたには、いつも助けてくれる神さまがいる。

　だから、いつでも一歩踏み出すことができるんだ。

信じて働く神のことば

> こういうわけで、私たちもまた、絶えず神に感謝しています。あなたがたが、私たちから聞いた神のことばを受けたとき、それを…事実そのとおり神のことばとして受け入れてくれたからです。この神のことばは、信じているあなたがたのうちに働いています。
>
> [Ⅰテサロニケ2:13]

テサロニケの人々は、パウロが語った神のことばを信じて受け取りました。そして、ただ聞くのではなく、語られたことばに歩んでいたのです。私たちもみことばが語られる時、素直な心で受け入れる必要があります。

「このみことばは知ってる。でもこの状況には通用できないな…」「今日のメッセージは心に刺さらなかった…」「超感動した!!」

これらは、ただ聞いているだけの状態で、パウロの言う「あなたがたのうちに働いています」とはなりません。みことばは、信頼し、期待し、感謝して受け取りましょう。みことばに歩んで、祝福されなかった人を見たことがありません。素直な心でみことばに留まるなら、神のことばは生きて働き、あなたを造り変える力があることに気づくのです。

4日

勝ち組

> 神から生まれた者はみな、世に勝つからです。私たちの信仰、これこそ、世に打ち勝った勝利です。世に勝つ者とはだれでしょう。イエスを神の御子と信じる者ではありませんか。
>
> ［Ⅰヨハネ5:4,5］

「学歴」「偏差値」「収入」「功績」人はあらゆることで、成功の定義を決めます。一つでも他人より劣っていると、負けたと感じて劣等感を抱き、「負け組」なんていうレッテルを貼るのです。

しかし、何かと比べて勝つ。誰かと比べて負ける。そんなことは、成功の定義にはならないのです。

大切なことは、神を信じる者としての生き方です。「私は神とどう生きるのか」を考え、それに集中します。イエスによって、あなたは「世に勝つ者」となりました。死の力から解放されているあなたは、世の価値観に縛られる必要はありません。天の価値観（みことば）は、あなたがあなたらしく生きることができるように導きます。「世に勝った」者として、空を突き抜けるような自由な心で、主とともに歩んでください。

日

宣教の谷間?

> あなたがたは、「まだ四か月あって、それから刈り入れだ」と言ってはいませんか。しかし、あなたがたに言います。目を上げて畑を見なさい。色づいて、刈り入れるばかりになっています。
>
> [ヨハネ4:35]

　日本は、福音を伝えることが難しい。過疎化が進み、宣教師が訪れない地があったり、人口が減り続けている場所もある。

　今は難しい…だから、種まきをしていこう。しかし実際には、種まきさえもなく、ただ悲観的になっているだけの時がある。

　働き手が少ない「ここは宣教の谷間」なんていう場所が、日本の各地にある。

　でも、それは人のものの見方。神さまは、あなたのいる場所を見て、多くの救われる魂を見出している。

　無理…無駄…疲れたぁ、そんな思いかなぐり捨てて、刈り入れる恵みに感謝して進もう。あなたが大胆に一歩踏み出せば、次第に仲間が与えられ、多くの実が刈り取られるよ。

6 日

毒麦のたとえ

> 「…しかし、主人は言った。『いや。毒麦を抜き集めるうちに麦も一緒に抜き取るかもしれない。だから、収穫まで両方とも育つままにしておきなさい。収穫の時に、私は刈る者たちに、まず毒麦を集めて焼くために束にし、麦のほうは集めて私の倉に納めなさい、と言おう。』」
>
> [マタイ13:29,30]

　悪いものは取り除く必要がありますが、麦と毒麦は見分けがつきません。育つまでは、それが良いものなのか悪いものなのか区別がつかないので、主人はすぐに毒麦を引き抜かないのです。

　悪人にも少しばかりの良いところがあり、善人にも少しばかりの悪いところがあるものです。評判の良い学校に行っているから良い生徒、評判の悪い学校に行っているから悪い生徒ではないのです。人の善と悪は、さまざまなところで入り交じっています。神は、麦も毒麦も育つことを赦された。なぜなら、すべての人が悔い改めて、救われることを望んでいるからです。

　神は、人の一面を見てさばくことはしません。人の生涯に期待し、生き方を見ておられます。あなたは与えられた命を、どのように生きたいですか。

7 日

神の愛のゆえに
·····································

> わたし自身、あなたがたのために立てている計画をよく知って
> いる——**主**のことば——。それはわざわいではなく平安を与
> える計画であり、あなたがたに将来と希望を与えるためのも
> のだ。
> [エレミヤ29:11]

バビロン捕囚となったイスラエルの民の心は、沈んで
いた。敵国に占領され、強制的に移住させられる。これ
以上のわざわいはない。エレミヤはその中で、将来と希
望を語った。神は、私たちの将来を知っている。その将
来には希望も、失望もある。時として、わざわいさえも
起こる。その中で、一番大切なことは何か。

それは神ご自身を求めること。先々のことなど心配はい
らない。心配しても、一寸先のことさえわからないでは
ないか。神がすべてのことを働かせて益としてくださるこ
とを、信頼すればいい。あなたは今、どのような状況に
いるのか。苦しみ、不安を感じているのか。あるいは、
自分の弱さに打ちひしがれているのか。

しかし、どのような状況にあっても、神の愛のゆえ
に、あなたは必ず救い出される。

ときの声をあげよ

> 七周目に祭司たちが角笛を吹き鳴らしたとき、ヨシュアは民に言った。「ときの声をあげよ。**主**がこの町をあなたがたに与えてくださったからだ。…」
>
> ［ヨシュア 6:16］

　受験前は、合格するかわからない。試合前は、どちらが勝つかわからない。良い結果が得られるかわからないといって、挑戦することを諦めてしまっては、勝利を得ることはない。

　エリコは城門を堅く閉ざし、その城壁は高く、イスラエルの民の前にそびえ立っていた。鉄壁の防衛陣が敷かれたエリコであったが、神は、すでにこの土地を神の民に与えていたのだ。

　あなたにとって、エリコの城壁は何だろうか。不安、恐れ、心配は誰にでもある。しかし、それらのことは神の力によって、すでに打ち破られている。

　あなたが信仰によって一歩踏み出すなら、神はあなたを奮い立たせ、必要な力を与える。あなたが神に従い通すなら、つねに勝利が与えられる。

9 日

神に近づく方法

> こういうわけで、兄弟たち。私たちはイエスの血によって大胆に聖所に入ることができます。イエスはご自分の肉体という垂れ幕を通して、私たちのために、この新しい生ける道を開いてくださいました。　　　　　　　　　　[ヘブル10:19,20]

「あの人と仲良くなりたいけど、距離感をつかむのが難しい…」「いきなり話しかけたら、馴れ馴れしいと思われるかも…」人と親しくなることで悩んだことはありませんか。

旧約聖書を見ると、神に最も近いとされていた至聖所には、聖められた大祭司が贖いの血を携え、年に一度しか入ることができませんでした。特別に認められた人しか、神に近づくことができなかったのです。

しかし今はイエスの血により、私たちは大胆に神に近づけるのです。人間の知識、努力によって神に近づくことはできません。ただ、イエスの血を信じる信仰だけが、私たちを神に近づけるのです。

イエスは私たちを友と呼んでくださるのですから、大胆に神に近づき、親友になりましょう。

いや、確かにあなたは笑った

> **主**にとって不可能なことがあるだろうか。わたしは来年の今ごろ、定めた時に、あなたのところに戻って来る。そのとき、サラには男の子が生まれている。」サラは打ち消して言った。「私は笑っていません。」…しかし、主は言われた。「いや、確かにあなたは笑った。」
>
> [創世 18:14,15]

　神はサラに、男の子を産むと告げられた。それを聞いたサラは、心の中で笑った。この時サラは、90歳という高齢のため、妊娠することができなかったのである。

　以前、神は同じようにアブラハムにも、サラとの間に子孫を与えると約束していたが、アブラハムもサラと同様に無理だろうと笑っていた（創世17:17）。つまり、アブラハムとサラは、神からの約束をその通りに受け取っていなかったのだ。神は、サラの心の笑いに反論されたが、アブラハムに対してもだろう。神は神のことばを、人間の可能性の範囲内に狭めることを叱責される。

　私たちにもないだろうか。みことばを与えられても、これは無理だと決めてしまうことが。神に不可能はない。たとえ唐突な約束であっても、そうなのだ。

11 日

羊は声を知っている

> 門番は牧者のために門を開き、羊たちはその声を聞き分けます。牧者は自分の羊たちを、それぞれ名を呼んで連れ出します。
>
> [ヨハネ10:3]

「みこころがわからない…」って悩んだことはありませんか。しかし聖書は「羊たちはその声を聞き分けます」と語っています。つまり、クリスチャンは神の声を聞くことができるのです。どのように神の声を聞き分けるのでしょうか。それは、みことばによってです。

聖書には、みこころが記されています。ですから、聖書の文脈を調べていくなら、必ず成すべきことが知らされるのです。また、思いが与えられる場合もあります。この思いがみことばと相反することがなければ、神からの呼びかけと言えるでしょう。

そして、神の導きには平安が伴います。大きなチャレンジを前にドキドキしますが、心の底には平安があります。神は、私たちにみことばで語り、思いを与え、平安によって導くのです。

理想を内面で行う

> 「律法学者たちやパリサイ人たちはモーセの座に着いています。ですから、彼らがあなたがたに言うことはすべて実行し、守りなさい。しかし、彼らの行いをまねてはいけません。彼らは言うだけで実行しないからです。　　　　　　　[マタイ23:2,3]

「モーセの座」とは、神の掟を人々に教える立場のことです。律法学者やパリサイ人の教え自体は正しいものでしたが、行動は正しくありませんでした。彼らは良く見られることに躍起になっていましたが、肝心の良い生き方が伴っていなかったのです。

あなたは、賢く立派に見られたい、理想通りに認めてほしいと思ったことはありませんか。もちろんボクはあります。でも外面を良くしようとすると、偽善的になってしまうんですよね。

あなたはどのように見られたいですか。その思いは誰かの役に立ちますか。神と隣人の利益となるなら、それを求めてください。しかしもし、神さまから良く見られたいと思うなら、その理想を内面で行うことです。

それ以外に良い生き方はできません。

13 日

約束のものを手に入れるために

> ですから、あなたがたの確信を投げ捨ててはいけません。その確信には大きな報いがあります。あなたがたが神のみこころを行って、約束のものを手に入れるために必要なのは、忍耐です。
> [ヘブル10:35,36]

「あなたの確信を投げ捨ててはいけない。なぜなら、その確信には大きな報いがあるから」

どんなに不可能に思えても、みことばをしっかり握り続けよう。あなたが信じ続けるなら、時間がかかったとしても、イスラエルの民が約束の地カナンに辿り着いたようになるだろう。

たとえ試練にあったとしても、思うように物事が展開しなくても諦めてはいけない。人は、さまざまなことを言うかもしれない。しかし、神さまとあなたで歩けばいい。だから忍耐をもって、約束のものを待ち望もう。あなたの心に与えられた約束を信じ、行動しよう。

あなたの前に神さまを置き続けること、それが一番大切。つねに信仰に歩むなら、あなたは神さまから恵みを受け続ける。

いい人、やめます

> ただ強くあれ。雄々しくあれ。わたしのしもべモーセがあなたに命じた律法のすべてを守り行うためである。これを離れて、右にも左にもそれてはならない。あなたが行くところどこででも、あなたが栄えるためである。　　　　　[ヨシュア1:7]

　いい人であろうとしてはいけない。成功がいいこととは限らない。すべてを理解してから行動してはいけない。これが信仰生活に大切なこと。なんて言われたら、驚くかもしれない。でも、あながち間違っていない。クリスチャンは、いい人だと思われたい願望を捨てる必要がある。なぜなら、強く雄々しくみことばに生きるなら、八方美人ではいられないからだ。

　人の目が気になるかもしれない。しかし、良い評価を得たいという恐れに支配されてはいけない。また、罪を犯さない＝失敗しない、そう混同して、消極的になってはいないか。神に従ったヨシュアの生涯は、チャレンジの連続だった。失敗を恐れず、理解できないことにも挑戦した。神に従う信仰者は、とんでもなく大胆なんだ。いい人やめて、大胆に生きよう。

日

良い働きの創始者

> あなたがたの間で良い働きを始められた方は、キリスト・イエスの日が来るまでにそれを完成させてくださると、私は確信しています。
>
> [ピリピ1:6]

　イエスが流された血。それは、私たちの罪、咎を洗い聖める。それだけではなく、私たちの病も癒やされるんだ。あなたは何度癒やされたことか。疲れた時、体調を崩した時、心が落ち込んだ時。神さまはあなたを癒やし励ました。だから私たちは神さまをほめたたえる。私たちは聖霊の宮とされ、神さまが内に住んでくださるようになったから。イエスは人として生まれて、間もなくしてまた来られる。それが救いの完成なんだ。信仰の歩みには、試練や困難はつきもの。良いことも、悪いこともある。だけど、あなたがイエスと歩くなら、つらい出来事も祝福へと変えられる。

　あなたが今、伸び悩んでいると感じていても、良い働きを始めてくださった神さまは、終わりの日まであなたを導かれるんだ。

私は、私にとって重要なことを、知っている

> 「すべてのことが私には許されている」と言いますが、すべてが益になるわけではありません。「すべてのことが私には許されている」と言いますが、私はどんなことにも支配されはしません。
> [Ⅰコリント6:12]

　あれやこれやと忙しく、やらなきゃいけないことは多いかもしれない。でも、あなたが今一番興味があることはなんだろう…。おそらく、それが一番にやるべきことなのかもしれない。もう少し言うなら、あなたが前からやってみたかったことは、あなたの心の奥底の願いなんだ。やらなきゃいけないことはたくさんある。でも悪いことじゃないなら、やりたかったことから取り組んでもいいんじゃないかな。それが、あなたにとって重要なことなのかもしれないから。重要なことを、ハシゴして取り組むのも悪くないよ。

　人の目はあなたの人生を左右しない。あなたが選べば、それがあなたの人生となる。時間は有限なんだから、あなた自身にとって重要なことから、神さまと取り組んでいこう。

17 日

はるかに超える希望

> あなたがたは、キリストを死者の中からよみがえらせて栄光を
> 与えられた神を、キリストによって信じる者です。ですから、あ
> なたがたの信仰と希望は神にかかっています。
>
> [Ⅰペテロ1:21]

　もし、あなたが大切な物を失ったとして、とてもつらい
思いをしても、きっと生きていくことができる。でも、悲
しみが大きすぎて希望を失ってしまうなら、心が少しずつ
しぼむように力を失って、あなたは倒れてしまうだろう。
だから大切なことは、あなたが今何をやっているか、誰
と一緒にいるかじゃなくて、心に希望がどれだけあるの
かってことなんだ。

　確かに、希望を維持するのはとても難しい。たった一
つの悲しい出来事で消し飛んでしまうことがあるから。

　あなたが今希望を失いかけていても、それを保とう
と、焦ったり悲しんだりしなくて大丈夫。なぜなら、その
思いをはるかに超える希望を与える方が共にいるから。

　たとえ最悪を想定してしまっていても、あなたは最善に
期待しよう。

日

ただ、おことばを下さい

....

> しかし、百人隊長は答えた。「主よ、あなた様を私の屋根の下にお入れする資格は、私にはありません。ただ、おことばを下さい。そうすれば私のしもべは癒やされます。　　　　[マタイ 8:8]

　群衆はイエスの教えに驚いていた。律法学者の経験や学問を、遥かに超えるような権威あることば。聞いた群衆すべてが、何もかも忘れ、神さまに近づけられるようなことばだったろう。

　しかしその感動も束の間、群衆は現実を突きつけられる。ツァラアトに冒され、苦しんでいる者が連れて来られ、中風のために寝込んでいる者がいる報告を聞いたのだ。

　私たちがみことばから聴く時、それと同時に人々の苦しみの声がある。神さまの奇跡の喜びも束の間、厳しい現実が待っているんだ。

　でも大切なことは、百人隊長のように、ただイエスのおことばをいただくこと。あなたがイエスのことばを受け取るなら、真理のことばは現実をも超えていく。

19 日

あなたがたのために実現し…

> あなたがたは心を尽くし、いのちを尽くして、知りなさい。あなたがたの神、**主**があなたがたについて約束されたすべての良いことは、一つもたがわなかったことを。それらはみな、あなたがたのために実現し、一つもたがわなかった。
>
> [ヨシュア23:14]

　立ちはだかるは、あふれかえったヨルダン川、エリコの城壁、幾多もの戦い。ヨシュアは200万のイスラエルの民を、約束の地に導かなければならなかった。

　神さまから言い渡されたことは、ただ、強く雄々しくあれ、律法を昼も夜も口ずさめという命令だ。彼は、神さまのことばを信じて前進した。多くの困難がヨシュアを襲ったが、すべて神さまの約束の通りになったのだ。

　晩年ヨシュアはこう語っている。「主があなたがたについて約束されたすべての良いことは、一つもたがわなかったことを。それらはみな、あなたがたのために実現し、一つもたがわなかった」

　あなたの人生にも、同じことが起こる。神さまのことばを握って、前進していこう。

20 日

祝福の基(もとい)

> **主**はアブラムに言われた。「あなたは、…わたしが示す地へ行きなさい。そうすれば、わたしはあなたを大いなる国民とし、あなたを祝福し、あなたの名を大いなるものとする。…地のすべての部族は、あなたによって祝福される。」
>
> [創世 12:1-3]

　現在アブラハムは、ユダヤ教、イスラム教、キリスト教の人々から尊敬されています。「あなたの名を大いなるものとする」という神の約束は成就しました。アブラハムが神の示す地へ行くなら、彼を大いなる国民とし、人類の祝福の基とすると神は約束したのです。彼は神を信じて、その呼びかけに応えました。その結果、神は約束の通りに、現在に至るまで、アブラハムの子孫を祝福しています。私たちは信仰によってアブラハムの子孫です（ガラテヤ3:29）。

　神はキリストを信じる信仰を喜び、祝福します。もし、私たちが神のことばを信じて一歩踏み出して行くなら、同じように祝福の基となるのです。

　約束を守られる神へ、一歩踏み出しましょう。

21 日

信じる道を神とともに

> それからイエスは百人隊長に言われた。「行きなさい。あなたの信じたとおりになるように。」すると、ちょうどそのとき、そのしもべは癒やされた。　　　　　　　　　　　[マタイ8:13]

「あなたの信じたとおりになるように」。このことばは、優しくもあり緊張も伴うことば。信仰に歩むって、受け身じゃいられない。あなたが決め、あなたが進む側面がある。恐れのないチャレンジはないし、簡単に決められることもあれば、そうでないことも…。

　誰だって楽しみや辛さの中に生きている。日々決断の連続で、悩まない人はいないんだ。確かに自分で決断すると、いろいろなことを言われたりもする。だけど人の評価はほどほどに、自分の評価は神の前に自分ですればいいじゃないか。

　あなたは、自分が信じる道を神とともに歩めばいい。信仰に基づいたすべての決断を、神さまは見守っているんだ。そして、ボクもあなたの味方。あなたの信じた通りになるように！

22 日

影口が聞こえてきたら…

> また、人の語ることばを いちいち心に留めてはならない。しもべがあなたをののしるのを 聞かないようにするために。
>
> [伝道者 7:21]

　影口、悪口、あらぬ噂。いろんなことを言って、あなたを批判する人がいる。その人は、何も挑戦できない人。それでいて、プライドだけは高い。その人には、実力も人望もない。いつも人の影に隠れて批判ばかりしている。ずーっと同じことを繰り返しては、安心しているんだ。

　そんな人のことばが耳に入っても、放っておこう。それはあなたが、注目の的、影響力の中心になっている証拠。あなたが耳を傾けるべきことばは、みことば。

　みことばはあなたの心を守り、真理はあなたを自由にする。人の話はほどほどに聞いて、神さまのことばを繰り返し思い出そう。

　そうすれば、あなたの歩みは神さまによって確かにされるよ。

23 日

この世界の片隅で

> いいですか。わたしは狼の中に羊を送り出すようにして、あなたがたを遣わします。ですから、蛇のように賢く、鳩のように素直でありなさい。
>
> [マタイ10:16]

　鳩のように純粋で無垢なのは感心だけど、人の不正行為や間違いを受け入れてしまうのは、行き過ぎじゃないかな。誤りをどれもこれも黙っているのは、本当の誠実さじゃないよ。一方で「信仰だけが大切！」なんて言ってると、いつの間にか極端になる。誠実さも、時には蛇のような狡猾な鋭さも必要。なぜなら、その鋭敏さで賢く生きることができるから。極端な信仰に偏っても、世的なことに偏ってもいけない。お気に入りの神学ばかりにしがみついて、この世を無視…みたいにならないほうがいいんじゃないかな。

　ポイントは、霊的に見えるとか、世的に見えるとかじゃなくて、この世界の片隅で、いかに神さまとともに賢く生きるかってことなんだ。だってあなたの周りには、羊の皮を被った狼がたくさんいるんだから。

わたしが喜びとするのは真実の愛

> あなたがたに言いますが、ここに宮よりも大いなるものがあります。「わたしが喜びとするのは真実の愛。いけにえではない」とはどういう意味かを知っていたら、あなたがたは、咎のない者たちを不義に定めはしなかったでしょう。
>
> [マタイ12:6,7]

　律法って、人が神さまの前に正しく生きるために何をしなきゃいけないか記されているんだよね。

　でもいつの間にかステータスになって、自慢したり人をさばいたりする材料になってしまった。心に留めておくことは、自分で正しく生きることじゃなくて、神さまの正しさを愛して、それに生かされること。そして、自分の力じゃ正しく生きることができない、そのことに気づくことなんだ。そうじゃないと、あなたもいつの間にか、批判的な律法学者のようになってしまう。

　もうあなたは、神さまの前に正しいと認められるために頑張らなくていい。ただ必要なことは、神さまから認められた者として生きることなんだよね。

　聖霊の宮であるあなたなら、きっとできるよ。

日

警告の甲斐もなく

> しかし今、あなたがたに勧めます。元気を出しなさい。あなたがたのうち、いのちを失う人は一人もありません。失われるのは船だけです。
>
> [使徒27:22]

パウロには、当たり前のように予測できた危険な航海。

彼の経験と神さまからの示しによって、危険を予測できたのだろう。しかし警告の甲斐もなく、この港は冬を過ごすのに適していないという目先の理由から、皆はパウロのことばを無視したのだ。航海を始めると、ほどなくして暴風が吹き荒れ、太陽も星も見えない日が何日も続き、完全に望みが絶たれることに。

あなたがパウロであったら、どう思っただろうか。警告を無視され、言った通りの災いが現実のものとなっている。

しかしパウロは皆に「元気を出しなさい、私は神を信じています」と励ました。あなたはパウロのように、人を励ましたことはあるだろうか。

神を信じ続ける者に、励ましの心は尽きない。

人知れず進む神の計画

> すると、ファラオの娘が水浴びをしようとナイルに下りて来た。侍女たちはナイルの川辺を歩いていた。彼女は葦の茂みの中にそのかごがあるのを見つけ、召使いの女を遣わして取って来させた。　　　　　　　　　　　　　　[出エジプト 2:5]

　ファラオは大きな力で、神の民を滅ぼそうとした。モーセはパピルスのかごに入れられて、ナイル川の岸辺、葦の茂みの中に捨てられたが、ファラオの娘の手によって川から引き出される。そして、母親の元に戻されたばかりか、母親は賃金まで与えられた。

　その後は、エジプト人のあらゆる学問を学び、高い地位に就いたんだ。イスラエルの民をエジプトから解放したモーセ。彼が偉大な指導者となったのは、すべてが神さまの御手の中にあったからだ。人知れず、神さまの救いの計画が進んでいたんだ。

　だから、現状が暗かったとしても、心配はいらない。神さまは、あなたのために立てられている計画を静かに進めているから。

27 日

この時のために

> 「もし、あなたがこのようなときに沈黙を守るなら、別のところから助けと救いがユダヤ人のために起こるだろう。しかし、あなたも、あなたの父の家も滅びるだろう。あなたがこの王国に来たのは、もしかすると、このような時のためかもしれない。」
>
> ［エステル4:14］

ペルシア王の王妃になったエステル。彼女には、父も母もいなかった。幼い頃、おじのモルデカイに引き取られたエステルは、彼から本当の神さまについて語り聞かされていた。エステルが王妃となったのは、「ハマンのユダヤ民族滅亡計画を阻止する、この時のためだった」とモルデカイは語った。

エステルは祈り、行動する。「死ななければならないなら死ぬ」と覚悟して、王の前に立った。

祈り、決断、行動。どれが欠けてもいけない。神さまの眼差しは、正しい行動をする者に注がれている。結果がどうなろうと、失敗なんかない。一番の失敗は、失敗を恐れて何もしないこと。

あなたも、神さまとともに行動するなら、あなたにできないことは何もない。

安息日にすること

> 神は第七日を祝福し、この日を聖なるものとされた。その日に神が、なさっていたすべての創造のわざをやめられたからである。
>
> [創世2:3]

　神さまは第7日を祝福した。7日目に、すべての創造のわざを休まれたんだ。これは、神さまが疲れたんじゃない。この日は、私たちのために与えられている祝福。

　安息日とか、聖日とか言ったりするけど、礼拝では、神さまに感謝をささげるんだ。

　考えてほしい。あなたが生きていること、この世界が保たれていること、今日、目が覚めたことだって当たり前じゃないよ。すべて、神さまがあなたのためにしてくださっている。あなたが、罪から赦（ゆる）されていること。十字架の犠牲。神さまは、あなたを罪悪感や心の責めから守ってくれている。

　もし毎晩、一日を振り返って神さまの恵みを数えるなら、日曜日の礼拝で感謝をささげることが、たくさんあるんじゃないかな。

29 日

神が、あなたを探られる時

> 神よ　私を探り　私の心を知ってください。／私を調べ　私の思い煩いを知ってください。／私のうちに　傷のついた道があるかないかを見て／私をとこしえの道に導いてください。
>
> [詩篇139:23,24]

　ディボーションは聖書を調べ、知識を得る時間ではありません。聖書があなたを調べ、霊的な力を受ける時間なのです。人はしばしば悩みますが、悩んでいる原因の根本をわかっていないことが多くあります。

　あなたが何に悩んでいるのか、みことばによって探られるなら、それが明らかにされるのです。そして、あなたのうちに「傷ついた道」があるなら、それを正してもらうことを願いましょう。

　間違ったところ、曲がった道に入り込んでいないか、そのことに気づきが与えられるように祈るのです。そして、キリストのように変えられることを望みましょう。

　あなたが、すべての人から愛されることができなかったとしても、すべての人を愛せるように心がけることは、神の願いです。

30 日

この世の嘘は聞かないように

> 「あなたがたは真理を知り、真理はあなたがたを自由にします。」
>
> [ヨハネ8:32]

　心の中には、いろんなことばが残っている。褒めこと<ruby>褒<rt>ほ</rt></ruby>めことばや叱責のことば、嫌味、時には、自分を責めることばが。腹立たしさや後悔が、あたかも、これ以上正しいことはないって感じで、頭の中でぐるぐる巡ることがある。そんなことばに囚われると、心ここにあらずって状態になるんだよね。

　悩んだり、後悔したりすることって誰でもある。だけど善しか行わず、罪を犯さない正しい人はいないんだ。

　あなたがとどまるのは、真理のみことば。それが、真実。あなたを自由にする。

　だから、この世の嘘には耳を塞いで、神さまのことばを聞いていこう。

31 日

最後の1秒まで

> 自分のいのちを得る者はそれを失い、わたしのために自分の
> いのちを失う者は、それを得るのです。　　　　［マタイ10:39］

　死ぬのはヤダ。それが普通なんじゃないかな。誰もが
自分の身が一番大切。でも死ぬのが怖くて、やらなきゃ
いけないことさえも手がつけられなかったら問題だと思
う。死の恐れに囚われてしまうのは、コントロールできな
い命を、自分で管理しようとしているからだ。

　健康管理は大切。だけどそれで寿命が決まるわけでは
ない。どんなに気を付けても、病気になったり事故にあ
ったりする。

　命は、与えられた時間。長い命、短い命といろいろあ
るけれど、すべてが神から与えられているものなんだ。

　人には使命が与えられている。世界中を飛び回る人も
いれば、寝たきりの人もいるかもしれない。

　最後の1秒まで使命に生きるなら、そのどちらも美し
い。あなたは与えられている時間を、何に使いますか。

2 月

February

1 日

<ruby>清々<rt>すがすが</rt></ruby>しい気持ちで

> わがたましいよ　主をほめたたえよ。／主が良くしてくださったことを何一つ忘れるな。…主は　あなたに恵みとあわれみの冠をかぶらせ／あなたの一生を　良いもので満ち足らせる。／あなたの若さは　<ruby>鷲<rt>わし</rt></ruby>のように新しくなる。
>
> ［詩篇103:2-5］

　失敗はしたくないと誰もが思う。だけど、失敗のない人生はつまらない。落第・失恋・やらかし、悔やむことはない。苦々しく考えるなってことだ。挫折や敗北だって悪いものじゃない。その経験を通して、人としての味がでる。「すべてが益となる」最高じゃないか。

　「みんな心配しているよ！」　そのことば、ありがたく受け取っておけばいい。あなたはむしろ、清々しい気持ちでこれからを考えればいいんだ。まだまだ先は長い。地上の命が尽きる直前まで前を向こう。それが今も、これからもできること。

　苦しみの理由ってよくわからない。ただ一つ、今わかること。それは、主は<ruby>善<rt>よ</rt></ruby>いお方ってことだ。その真実な愛を、ぎゅっと握って進んでほしい。あなたなら絶対できる。主は、あなたの一生を最善で満たされるんだ。

日和ってる奴いる?

···

> あなたがたが神のみこころを行って、約束のものを手に入れるために必要なのは、忍耐です。　　　　　　　[ヘブル10:36]

　チャレンジするなら今。勇気をもって、今始めよう。始める前から、全部できるかなんて考える必要ない。そんなこと考えていたら、一歩も踏み出せない。

　今、一瞬に集中すれば、全部できちゃうんだよ。行動って本当に大切。行動のない知識は死んだも同然。

　進むべき方向が示されたら、踏み出さない理由はない。やるべきことは、踏み出した先に見える。簡単にはいかないだろう。でもそれが面白い。不安や恐れ、上等じゃないか。日和ってる暇はない。与えられているみことばをしっかり握り、進め。そうすれば、あなたの心は折れることはない。みことばの約束は必ず成就する。

　目には見えない神が、見える以上の確かさをもってあなたを導く。忍耐さえあれば約束のものを受ける。

3 日

ノア

> しかし、ノアは**主**の心にかなっていた。これはノアの歴史である。ノアは正しい人で、彼の世代の中にあって全き人であった。ノアは神とともに歩んだ。　　　　　　[創世6:8,9]

　神は、地上に人の悪が増大し、その心がいつも悪いことだけに傾くのをご覧になりました。それで神は、人を造ったことを悔やみ、心を痛められたのです。人は自由意志を与えられましたが、その自由を欲望のままに使うのです。自由意志は、自ら神を愛し、従うためのものであって、悪を行うためのものではありません。

　ノアは「正しい人」でした。「正しい人」とは神を信じ、神の恵みにあずかる者です。「全き人」とは完璧な人ではなく、「すべてにおいて」主に信頼している人と言えます。

　ノアの時代の人々は、水によってさばかれました。私たちの社会は、堕落していないと言い切れるでしょうか。あなたと関わるすべての人が神を知り、ノアのように「全き人」となることができるように福音を伝えましょう。

なぜ祈るの

· · · · · · · · · · · · · · · · · · ·

> また、祈るとき、異邦人のように、同じことばをただ繰り返してはいけません。彼らは、ことば数が多いことで聞かれると思っているのです。ですから、彼らと同じようにしてはいけません。あなたがたの父は、あなたがたが求める前から、あなたがたに必要なものを知っておられるのです。　　　［マタイ6:7,8］

　神は、私たちの必要を知っています。本来は、一度も個人的な必要を祈る必要はありません。ですから、願いを念仏のように繰り返して祈る必要もありません。願いを叶えてもらうためではなく、私たちが、神の願いに生きられるように祈るのです。神の前に立つ私たちの姿勢は、本来どのようなものでしょうか。

　願いが叶えられないと不平を鳴らす、そんな態度が当たり前になっていませんか。ことば数が多いからといって、みこころを変えることはできません。神は、私たちに本当に必要なものを与えてくださいます。

　ですから祈りは、神を変えるものではありません。祈りを通して私たちが整えられ、キリストのように変えられるのです。

5 日

ただ信じる

> そして、子どもの手を取って言われた。「タリタ、クム。」訳すと、「少女よ、あなたに言う。起きなさい」という意味である。すると、少女はすぐに起き上がり、歩き始めた。彼女は十二歳であった。それを見るや、人々は口もきけないほどに驚いた。
>
> [マルコ5:41-42]

失望、絶望、落胆…これ以上は無理、無駄。祈ってきたが、その道が閉ざされる。

ヤイロはそのことを感じていた。娘の死。誰にとっても、耐え難い苦痛。人々は死んだ娘を取り囲み、大声で泣いている。イエスは「娘は眠っている」と言ったが、それを聞いた人々は、あざ笑った。

私たちにも、心が騒ぎ、絶望の淵をさまようような経験がある。長く祈ってきたのに、答えが見つからない。諦めきれない願いはないだろうか。絶望し、何もできなくなる。それは皆同じ。あなたが、格別弱いわけではない。しかし、覚えていてほしい。しばしば神の救いは、絶望から始まることを。大切なのは「ただ信じる」こと。それだけでいい。生ける神が、あなたのからし種ほどの信仰を義と認め、みわざを行ってくださるから。

仮庵の祭り
かりいお

> あなたがたは七日間、仮庵に住まなければならない。…これ
> は、あなたがたの後の世代が、わたしがエジプトの地からイス
> ラエルの子らを導き出したとき、彼らを仮庵に住まわせたこと
> を知るためである。わたしはあなたがたの神、**主**である。」
>
> [レビ 23:42,43]

　イスラエルの民は、出エジプトの後40年間も荒野でテント暮らしをしました。その期間は命の糧「マナ」が毎日降り、着物も擦り切れませんでした。この恵みに感謝して、1週間を通して祝うのが仮庵の祭りです。

　祭りの目的は、人は肉体という「仮庵」にひと時の間住むだけの存在で、「主の恵みなしには、生きていくことができない」ことを覚えるためです。

　誰もが勉強や人間関係の祝福と成功を求めています。しかし、恵みの源である神を忘れているのです。

　ですから、勉強においても人間関係においても、その中で神を第一に求めましょう。

　私たちはこの世に生を受け、ひと時の間与えられた肉体に、仮に住まう存在なのですから、神を第一として日々歩みましょう。

7 日

本当に疲れたことがありますか

> しかし、主を待ち望む者は新しく力を得、鷲のように、翼を広げて上ることができる。走っても力衰えず、歩いても疲れない。
>
> [イザヤ 40:31]

　本当に疲れたことはありますか。誰かに疲れたとも言えず、相談する気力も出てこない。孤独、罪悪感、絶望、虚無感。これらすべてが心に渦巻いた後に意気消沈し、無感覚になる。信仰に立つ大切さがわかっていたとしても、何もする気が起きない。うつむくという表現がもはや軽い状態。それこそ「疲れ」です。

　疲れると、客観的に自分の状態を分析することなんてできません。神を見上げる大切さを知ってはいても、それができないのです。

　そんな時は、ただひたすら静かに主を待ち望みましょう。それほどまでに疲れているあなたには、この疲れを解決することはできないからです。しかし、主なる神を待ち望むなら、必ず神はあなたを励まし、新しく力を与えるのです。あなたはそのことを信じますか?

8 日

不思議な導きがあるように

> すべて疲れた人、重荷を負っている人はわたしのもとに来なさい。わたしがあなたがたを休ませてあげます。　　［マタイ11:28］

　小さい頃は、悩んだり困ったりすると、親や学校の先生が助けてくれた。今もそうかもしれないけど、大きくなるにつれ、人に簡単には言えないことが増えてくるよね。

　誰かに相談しても、わかってもらえなかったり、かえって重荷が増えるようなアドバイスをされたりもする。みんな性格が違うし、物事の受け取り方も違う。同じように感じる人なんか、一人もいないんだよね。だから、人が人を励ましたり、慰めたりすることってとても難しい。相談した相手が悪いわけじゃないと思うよ。

　あなたをお造りになった方は、あなたの心のすべてをわかっておられることを、知ってほしい。この方に期待して祈るなら、不思議な導きが与えられて、心が休まるんだ。

9 日

あなたがたはこう祈りなさい

> ですから、あなたがたはこう祈りなさい。「天にいます私たちの父よ。御名が聖なるものとされますように。」
>
> [マタイ6:9]

　イエスが弟子たちに祈り方を教えました。私たちが毎週礼拝で祈っている「主の祈り」です。

　「私たちの父よ」という祈りの初めは、私たちが神と親しい関係におかれていることがわかるものです。私たちは、子どもが父親に声をかけるように、神に対して親しく語りかけることができます。

　罪によって断絶されていた神との関係が、イエスによって回復されました。

　十字架の功績によって、驚くほど、神と近しい関係を与えられたのです。

　祈りの初めは、御名をあがめることを忘れないでください。友達に会った時、いきなり注文する人はいないですよね。ですから、私たちはまず「私たちの父よ」と神を慕い求める告白をしましょう。

自滅的な質問

> 神の前では、軽々しく心焦ってことばを出すな。神は天におられ、あなたは地にいるからだ。だから、ことばを少なくせよ。
>
> [伝道者5:2]

　あなたは神に向かって、すべてを打ち明けることができます。感謝、嘆き、つぶやき…すべてです。

　ところであなたが今つぶやいていることは、神さまをより深く求めるものですか。また、あなたを元気づけているでしょうか。心配なことは、あなたがつぶやく一言が、むしろ神の存在を曇らせ、歩むべき道をわからなくさせてしまうことです。変えられないことや、変えてはいけないことばかりに囚われつぶやくと危険です。考えれば考えるほど悩んでしまったり、開き直って自分が正しく思えてしまうからです。

　それを続けてしまうと、あなたは弱り果ててしまいます。大切なことは、みことばに歩むことです。

　このことから離れないように、自滅的な質問から離れましょう。

⓫ 日

理想を掲げる

> 幻がなければ、民は好き勝手にふるまう。しかし、みおしえを
> 守る者は幸いである。　　　　　　　　　　　　[箴言29:18]

　掲げた理想は宝。それは、あなたの力となり、行動の
原動力になるからだ。大きな目標を掲げ、一歩を踏み出
したばかりでも、恥ずかしいことじゃない。

　逆に、挑戦する前から無理だと決めつけ踏み出せない
と、何の面白みもない人生になってしまう。そんなことを
していると、他人に嫉妬したり、文句をつけたりし始める
だろう。神さまがともにいるあなたに、できないことが本
当にあるのだろうか。誰かに何かを言われても、気にし
ないことだ。

　それよりも、あなた自身の否定的な声に気をつけてほ
しい。最もらしく、理想には到達できないと言ってくるか
ら。

　たとえあなたが弱くても、みおしえを心に秘めて進むな
ら、神さまがすべてを成し遂げられるんだ。

日

再び誠実を愛し、神さまと歩む

> 主はあなたに告げられた。人よ、何が良いことなのか、**主**があなたに何を求めておられるのかを。それは、ただ公正を行い、誠実を愛し、へりくだって、あなたの神とともに歩むことではないか。　　　　　　　　　　　　　　　　　　[ミカ6:8]

　誠実に歩むって難しい。聖書を見ても、生涯誠実に歩めた人ってほぼいない。あのダビデだって、モーセだって、パウロだって大失敗している。

　人って弱い。そのことを神さまは知っているんだ。

　だから神さまは「誠実を愛しなさい」って言われるんだろう。これが「誠実にしなさい」ってことだったら、すごいプレッシャーだよね。そして、不誠実さをどこかに隠し、自分は誠実だと勘違いして、生きていたかもしれない。

　大切なことは、あなたが神さまとともに生きることなんだ。たとえ失敗しても心配しないで。どんな時でもどんな状況の中でも、再び誠実を愛し、神さまを求めるなら、神さまはあなたとともに歩んでくれる。

　あなたは一人じゃないよ。

13 日

祈りの人、イエス

> さて、イエスは朝早く、まだ暗いうちに起きて寂しいところに
> 出かけて行き、そこで祈っておられた。　　　［マルコ1:35］

　イエスは祈りの人。彼はひとり、静かなところでよく祈った。奇跡を起こし、人々を癒やし、悪霊を追い出し、ことばの罠を見破り論破する。

　でも、完全な人となられたイエスに、なぜこれほどのことができたのだろう。その力の源は、神に頼る祈りの生活にある。

　「神が何かをするとき、それは必ず祈りの答えなのだ」とジョン・ウェスレーは言う。確かに早朝は、神と二人で静かに語ることができる。

　しかし、戒律的な早朝に縛られることはない。大切なのは心。神を愛し、頼る姿勢。そうすれば、忙しい生活の中でも力を得るんだ。朝に弱くても心配ないさ。年を取ったら誰でも早起きになるんじゃないかな。

　だから、今イエスのように神と二人になり、祈ろう。

14 日

リスタート

·····················

> 二人は話し合った。「道々お話しくださる間、私たちに聖書を説き明かしてくださる間、私たちの心は内で燃えていたではないか。」
>
> [ルカ24:32]

神さまは祈りに応えてくれるはず。そう願って、祈りの応えを求めて祈ることはありませんか。

でも祈りの応えを求めてみても、欲しかった応えがこない。そんなことがあるでしょう。

エマオの途上のクレオパともう1人は、そんな心境だったと思います。彼らはイエスさまのことを、イスラエルを政治的に解放する方だと望みをかけていました。

でも実際は、そうではなかったのです。願った通りにならなかった二人は、がっかりしてエルサレムから離れようとしていました。

しかし、イエスさまは二人を責めることなく、しばらく話しながら二人と歩いてくださいました。

あなたがイエスさまとともに歩くなら、再び心は燃やされるのです。

15 日

立ち返り落ち着き、静かに信頼する

> イスラエルの聖なる方、**神**である主はこう言われた。「立ち返って落ち着いていれば、あなたがたは救われ、静かにして信頼すれば、あなたがたは力を得る。」
> [イザヤ30:15]

　自分ではどうにもらならないことに、人は悩む。頑張って考えたところで、答えが出ないことがある。どうにもならないことは「考えるな」なんて言うけど、それができたら苦労しないよね。

　悩みに引っ張られ続けると、いつの間にか、神さまから遠ざかってしまうことがある。何か心が落ち着かなかったり、しっくりこなかったり、それは、神さまから遠ざかっているサインなのかもしれない。

　そんな時こそ、神さまに立ち返って祈ってみよう。

　それが、あなたにできる最初の一歩。

　落ち着いて祈り、静かに信頼すれば、神さまはあなたを今の状況から救い、新たな力を与えてくださる。

　大切なことは、無理に動かないことなんだ。

　あなたはきっと、神さまの不思議な導きを受けられる。

日

うわべだけの人

························

> **主**はサムエルに言われた。「彼の容貌や背の高さを見てはな
> らない。わたしは彼を退けている。人が見るようには見ないか
> らだ。人はうわべを見るが、**主**は心を見る」
>
> [I サムエル16:7]

　確かに、見た目が悪いより、良いほうがいいだろう。
それだけじゃなく、態度や振る舞いもそうだ。口数が少
なく、丁寧なことば使い。誰に対しても悪い印象を与え
ず気を遣う。人に迷惑をかけることなく、つねに親切。
そういう人は一見、謙遜に見えることがある。

　しかし、疑って人を見る必要はないが、その謙遜な
振る舞いの源がどこにあるのか、よく見なければいけな
い。嫌われたくないという恐れや、プライドであるなら、
神に喜ばれない。人は、うわべだけの振る舞いに騙され
やすいものだ。

　私たちはどうだろう。良い人に見られたいと思うあまり
に、うわべだけの謙遜になってはいないか。

　主は心を見られる。だからこそ、素直な心を与えても
らおう。

17 日

優しい主の手にすべてをゆだねて

> わたしはあなたがたに平安を残します。わたしの平安を与えます。わたしは、世が与えるのと同じようには与えません。あなたがたは心を騒がせてはなりません。ひるんではなりません。
>
> ［ヨハネ14:27］

「平安を残します」って言われても、なかなか不安はなくならないよね。怖いものは怖いし、何かに対して腹を立てたり、イライラしたりもする。

誰でも心配事が積もり積もると、不安を通り越して絶望さえしてしまう。それってしょうがないことなんだ。人間って弱いからね。

恐れを取り除こうとしたら、余計に恐れに絡まっちゃうよ。「わたしの平安を与えます」って言われるのは、「わたし（神）を見なさい」ってことなんだよね。

つまり恐れをなくそうとしたり、平安を作り出そうとすることじゃない。イエスさまに信頼すること。

あなたが神さまに信頼したいと少しでも願えば、心の内に聖霊が働き、神さまがあなたを捉え、すべてのことを平安のうちに成し遂げてくれるよ。

日

自由の使い道

·····················

> ペテロとヨハネは、午後三時の祈りの時間に宮に上って行った。 [使徒3:1]

　当時ユダヤ人には、9時・12時・15時と一日に3回、祈りの時間があったようだ。私たちは彼らと違い、好きな時に好きなだけ自由に祈ることができる。決められた時間や、場所はない。

　しかし、与えられている自由には大きな責任が伴っているのだと思う。なぜなら、与えられている自由意志を用いて、神に祈ることを選択しなければならないから。

　私たちの気分は、すぐに変化する。その日の気分で、祈るか祈らないかを決めてはいないだろうか。

　もしあなたに与えられている自由意志で、神を選択しなければ、それは不自由の入り口となるだろう。

　自分を打ち叩いてでも、神を礼拝することが必要な時がある。

　あなたにある自由を、今、何のために使いますか。

19 日

相談しよう、そうしよう（1）

> 相談して計画を整え、すぐれた指揮のもとに戦いを交えよ。
> [箴言20:18 新改訳第三版]

　人に相談するって、難しい。思っていることをことばにするのは難しいし、誰に話していいのかもわからない。そんなことを思っていると、どーせ話したところで解決なんてないだろうなぁ…と思えてくる。

　でも悩んでいることって、整理してもらうと、意外とシンプルだったりするんだ。解決しない問題はない。だから一人で抱え込まないほうがいい。

　優れた人のことばは、あなたを成長と良い結果へと導いてくれる。その人は、あなたと神さまの利益を考えている人だ。だからそんな人を見つけたら、相談してみよう。

　遠慮する必要はない。だって、その人はあなたが祝福を受けるなら、同じように喜んでくれるから。

　なんとかなるさ、相談してみよう。

あなたが喜びにあふれて生きられるように

> 兄弟たち。さばかれることがないように、互いに文句を言い合うのはやめなさい。見なさい。さばきを行う方が戸口のところに立っておられます。　　　　　　　　　　　[ヤコブ 5:9]

　批判陰口、誹謗中傷、噂話。そんなことが日常茶飯事なこの世界。こんな世界で、あなたはどう生きる？　人のことを悪く言いたい人なんていない。

　だけど、思い通りにいかなかったり、批判や陰口を言われると黙っていられないんだ。

　でも、あなたは神さまを知っている。理不尽なことばを浴びせられても、神さまにお任せしよう。さばくのは神さま。正しくさばかれる方が、あなたを含めたすべての人のためにさばかれる。

　神さまのさばきは公平で、人を生かす。だから、あなたが喜びにあふれて生きるために、さばくことは神さまに任せていこう。

日

全集中

> そして、あなたがたに向かって子どもたちに対するように語られた、この励ましのことばを忘れています。「わが子よ、主の訓練を軽んじてはならない。主に叱られて気落ちしてはならない。主はその愛する者を訓練し、受け入れるすべての子に、むちを加えられるのだから。」
>
> [ヘブル12:5,6]

あなたが信仰に歩むなら、必ず試練にあうだろう。だから、試練にあっても動揺するなかれ。

それは、すべての信仰者が通った道だから。あなたが受ける苦しみの理由は、神さまにしかわからない。

ただ、覚えておきたいことは、始まりがあるなら終わりがあるということ。

あなたの苦しみは、苦しみには終わらず、試練を通してあなたは変えられ、さらに平安を得、試練を通して、神さまはあなたを成長させるんだ。

信じることを諦めそうになったら、神さまに全集中。

神さまはあなたに、越えられない試練を与えることはない。

だから、知らなかった自分との出会い、まだ見ぬ神さまが現される栄光に期待して、今この時を走り抜けよう!

どんなに自分を嫌っても

....

> 彼はイエスがどんな方かを見ようとしたが、背が低かったので、
> 群衆のために見ることができなかった。 [ルカ19:3]

　ザアカイってどんな人？ 彼の名前の意味は「聖なる人」。背が低いって聖書で書かれたのは、ザアカイだけ。相当身長が低かったに違いない。収税人の仕事なんか、誰もやりたくないはずだ。わざわざ嫌われることを、やろうと思う人はいない。察するところ、彼はもともと嫌われ者だったのかもしれない。あるいは自分のことが嫌いで、いつの間にか人間関係が悪くなったのかも。

　あなたはどうかな？

　人と自分を比べて、自分のほうが優っていると思ったり、劣っていると感じたり。

　でもイエスは、木の上にいるザアカイの名を呼んだんだ。これは、彼のすべてを受け入れているという現れ。

　あなたがどんなに自分のことを嫌っても、イエスはあなたのことを友と思ってるんだよね。

23 日

思い煩う心が大きくなる前に

> 何も思い煩わないで、あらゆる場合に、感謝をもってささげる
> 祈りと願いによって、あなたがたの願い事を神に知っていただ
> きなさい。 [ピリピ4:6]

みんな煩う心を放置している。思い煩いは、放置して
よい小さな問題じゃないんだ。だって、あなたから元気
を奪っていくから。

信仰の歩みがあなたを疲れさせるんじゃなくて、思い
煩いが重荷となるから、疲れるんだよね。不安は放って
おくと不満に変わるし、悲しみは絶望に変わったりもす
る。そして、最大の問題は神さまに目が向かなくなるこ
と。不平不満に囚われてしまうことは、心の栄養を、悪
いものから吸収しているようなもの。

そんな状態では、いつの間にかことばも、行動までも
がトゲトゲしたり、クヨクヨしてくる。小さな思い煩いが
心に積み重なるから、大きな重荷になるんだ。

もしあなたが何かに思い煩っているなら、感謝をもっ
て祈りをささげてみよう。

24 日

意識高い系クリスチャン

....

> 摂理と知性はわたしのもの。わたしは英知であり、わたしには
> 力がある。　　　　　　　　　　　　　　　　　　［箴言 8:14］

　自分を成長させるために一生懸命。働きを充実させよ
うと、書籍を漁り知識をつけ、人にも教えられるように自
ら学ぶ。それは大切なのだが…。

　でも結局その学びって、その場限りの薄っぺらい理論
武装で終わることがある。たいして成果がでないってこと
（笑）。

　確かに神学書やセミナーで学ぶことは必要。でもその
すべての知性と英知は、神さまのところにあるんだ。

　神さまは、ご自分のみこころのままに、ご自分の事を行
われる方。私たちには理解できない。

　だから、神さまのほうを向いて、神さまに近づこう。そ
して、みことばを握って神さまと一緒に行動してみよう。

　そうすれば、神さまの摂理と知性、英知は、あなたの
味方になる。

25 日

今、この瞬間を大切に

> 神は言われます。「恵みの時に、わたしはあなたに答え、救いの日に、あなたを助ける。」見よ、今は恵みの時、今は救いの日です。
>
> [Ⅱコリント6:2]

祈りには応答がないし、想定外の試練ばかり襲ってくる…。もしかしたら、あなたはそんなストレスを抱えているかもしれない。

こんな時は、鬱々としてくるよね。ただ、思い出してほしい。あなたが受けた救いの恵みの大きさを。

本来なら、罪によるさばきや罪責感の恐怖、神との断絶、地獄、このすべてに苦しむはずだった。でも恵みによってそこから解放されている。そんな救いが与えられているあなたは、すでに大きな祝福を受けているんだ。

あなたの人生どう転んでも、最終的には神さまの祝福を得る。神さまはあなたに、最高のタイミングで最善のものを与える方。

だから今、この瞬間を大切にするなら、毎日が恵みと救いの日になるんだ。

26 日

羊たちはわたしの声に聞き従います

> わたしにはまた、この囲いに属さないほかの羊たちがいます。それらも、わたしは導かなければなりません。その羊たちはわたしの声に聞き従います。そして、一つの群れ、一人の牧者となるのです。　　　　　　　　　　　[ヨハネ10:16]

　優秀であることを目指し、自分の弱さから逃げる。能力を高め、人から認められたら、自分を受け入れられるかもしれない。それを信じて突き進んでも、なかなか満足することができない。

　でも神さまは、あなたの能力を愛してはいない。もちろん、能力があることは有益。だけど、それらのものは、あなたを駆り立てることがあっても、導くことはない。

　もし、あなたが心を静めるなら、本当に大切なことがわかるはず。

　聖書は、羊はわたしの声に聞き従うと言っている。

　つまりあなたには、神さまの導きか、それとも世の中の価値観へ誘う声かを、聞き分けることができるんだ。

　その声は、平安に満ちている。

　主の御声を聞き分けていこう。

27 日

わたしのもとに来なさい（1）

> すべて疲れた人、重荷を負っている人はわたしのもとに来なさい。わたしがあなたがたを休ませてあげます。　　　［マタイ11:28］

　言わず知れたこのみことば。でも、あなたは「わたしのもと」に行っている? イエスさまのもとに行くより、不安や恐れのほうに行っていないかな? そんなことをしていると、いつのまにか不安に囚われて、自分一人だけ苦しんでる…なんて思ってしまう。誰だって孤独を感じることがあるし、真っ暗闇を歩くような気持ちになることがある。

　でもあなたが今経験している苦しみは、大勢の人たちが経験してきたんだ。あなたの理解者はたくさんいるんだよね。すぐに孤独がなくならなかったとしても、心配しないで。何よりあなたの心のうちにいるイエスさまが、あなたと一緒にいる。だからあなたは一人じゃない。

　苦しみは苦しみでは終わらない。孤独の時もイエスさまは、あなたの心の重荷を一緒に担っているから。

あなたのリーダーは神さま

···

> 彼は言った。「いや、わたしは主の軍の将として、今、来たのだ。」ヨシュアは顔を地に付けて伏し拝み、彼に言った。「わが主は、何をこのしもべに告げられるのですか。」
>
> ［ヨシュア5:14］

　カナンの地に入ったヨシュアは、最初の困難に直面する。それは、目の前に立ちはだかる難関、堅固なエリコの城壁だった。その時、今にも戦おうと言わんばかりの一人の人が、抜き身の剣を手に持ち立っていた。ヨシュアは、その人に向かって「味方か、それとも敵か」と聞く。その人は「いや、どちらでもない。主の軍の将として来た」と答えた。

　それは、ヨシュアの上に立つリーダーは誰か。「主の軍の将は、あなたでなく、わたしだ」という意味。

　あなたの人生にも、いくつもの困難があるだろう。でも、戦うのは神さま。

　だから、すべてを神さまにお任せして、みことばに従おう。そうすれば、あらゆる困難は打ち砕かれる。

29 日

新しい生き方

> イエスは答えられた。「まことに、まことに、あなたに言います。人は、新しく生まれなければ、神の国を見ることはできません。」
>
> [ヨハネ3:3]

　心を新たにするって難しい。「心を入れ替えます!」と言っても、実際そんなに入れ替わってはいない。

　「人生いつでもやり直せる」そう聞いていても、一度社会のレールから外れてしまったら、復帰することがなかなか難しいのが現実。心を新たにするどころか、次の一歩さえ見つからないことがある。新しく生きるって、リスタートや、やり直しと言えるかもしれない。

　自分の力では何も変えられないと絶望する時がある。そんな時こそ希望をもつことができるんだ。

　そう、人を頼りにするのではなく、天から降ったイエスのところに行く時、新たに生きる答えが生まれる。

　今日もイエスは、あなたを新たな歩みに招いている。

　心を新たに一歩踏み出そう。

3月

March

日

愛のうちにとどまる

> 私たちは自分たちに対する神の愛を知り、また信じています。
> 神は愛です。愛のうちにとどまる人は神のうちにとどまり、神
> もその人のうちにとどまっておられます。　　[Ⅰヨハネ4:16]

　愛ってよく誤解されている。楽しそうなことばかり語られて、大切なことが忘れられがち…。だって愛の本質って、自分のすべてを与えることだから。相手に依存したり、思い通りの関係を保つことじゃない。

　人を尊重することが大切って、よく言うけど、それは相手が相手らしく生きることを願うこと。相手のすべてを、そのまま愛することが必要なんだ。あなたにはそれができる?　簡単なことじゃないと思う。愛されたいじゃなくて、自分から愛するんだよね。

　自分の幸せを願うんじゃなくて、相手の幸せを願い続ける。この愛に生きるためには、成熟した人格をもつ必要がある。

　愛は、生活のどこにでも必要で、実践しなきゃいけないものだから、神さまの愛のうちにとどまろう。

世代間の対立構造って、無意味

> よく指導している長老は、二倍の尊敬を受けるにふさわしいとしなさい。みことばと教えのために労苦している長老は特にそうです。　　　　　　　　　　　　　　[Ⅰテモテ5:17]

　古い考え方だと思ってしまって、年配の人の意見を煙たがる人がいる。世代間の対立構造って全く意味がない。

　対立している原因を議論してないから、その理由さえわかってない。「大人はわかってくれない」なんて言っていると、そっくりそのまま同じことを言われるようになる。

　確かに、経験は直感に勝らないかもしれないけど、軽く見る必要もない。だって、いろいろな分野の発展は、先人たちの知識や経験で成り立っているでしょ?　反面教師にすればだけど、学ぼうと思えば、悪い大人からだって学べるんだ。でも本当に苦労した大人は、物事の限界や、それにかかる時間を把握している。

　だから、その人たちを尊敬した上で、あなたのアイデアをひらめかせたらいいんじゃないかな。

3 日

エンカウンター

> ですから、私たちは今後、肉にしたがって人を知ろうとはしません。かつては肉にしたがってキリストを知っていたとしても、今はもうそのような知り方はしません。　[Ⅱコリント 5:16]

　　キリストを知る方法は、2種類あります。知識として知ることと、聖霊の働きにより個人的に知ることです。

　　キリストの誕生、当時の世界情勢、聖書の文化的背景を詳しく知っていたとしても、十分ではありません。聖書知識が豊富であっても、個人的なキリストとの出会いが必要です。聖書知識は、神さまと心でつながってこそ役立つのです。

　　エマオの途上、復活されたキリストに気づかなかった二人の弟子は、自分の信じられる範囲でキリストを信じていただけで、復活を信じることができませんでした。このような状態は、肉にしたがってキリストを知っているだけで、心で知ってはいません。つまり、住所は知っていても、その人と一度も会ったことのないようなものです。

　　あなたが日々、神さまと出会うことを願います。

レビ記

> **主**はモーセを呼び、会見の天幕から彼にこう告げられた。「イスラエルの子らに告げよ。あなたがたの中でだれかが**主**にささげ物を献げるときは、家畜の中から、牛か羊をそのささげ物として献げなければならない。
>
> [レビ1:1,2]

　レビ記には、神の民がいかにして聖別されるかが記されています。すなわち世の歩調に歩まず、神の歩調に歩む、救われた者としての生き方が記されているのです。

　天幕には主の栄光が満ち、誰も入ることができませんでした（出エジプト40:34、35）。しかし、主は、その天幕の栄光の中からモーセを呼んでいます。

　まさしく主なる神は、ご自身に神の民を近づけるために、彼らがどのようにして生きれば良いのかを、教えようとしているのです。

　私たちにとって、レビ記は堅い食物なのかもしれません。今は十字架の贖いにより、生贄をささげる必要はありませんが、そこから神の深い真理を汲み出し、幼い信仰者から成熟した大人の信仰者へと変えられていきましょう。

敬虔の奥義
けいけん

> 次のことばは真実です。「もしだれかが監督の職に就きたいと
> 思うなら、それは立派な働きを求めることである。」
>
> ［Ⅰテモテ3:1］

　テモテへの手紙第一3章を通して、監督・執事の務
めは素晴らしいものであることがわかります。しかし、監
督・執事に就くには、必要な条件があります。誰でもそ
の務めに就けるわけではありません。その人は、慎み深
く自分の家庭をよく治めます。教会の外の人々にも評判
の良い人であり、品位があり、二枚舌を使わず、大酒
飲みでなく、不正な利を求めない人です。

　それは自己評価ではなく、他人から審査されるもの
なのです。本人の願いというよりも、教会の願いによっ
て、監督・執事の立場に就きます。彼らは人の上に立つ
立場ですから、常日頃から、神と人への敬虔な態度が
問われているのです。

　私たちもそれを規準として生きましょう。

でも、大丈夫!

....

> しかし、このことは、「目が見たことのないもの、耳が聞いたことのないもの、人の心に思い浮かんだことがないものを、神は、神を愛する者たちに備えてくださった」と書いてあるとおりでした。
>
> [Ⅰコリント2:9]

　お金が足りない、偏差値が足りない、能力が足りないと思ったことはありませんか。お金があったって、買えるものなんてごくわずか。偏差値で、真の愛や充実感が手に入るわけではありません。能力があっても、この世界には人の能力で解決できないことだらけです。将来のことを考えると、不安になりますよね。ちゃんとできるかわからない、うまくできる保証もない。ボクもそうです（笑）。

　でも、大丈夫。あせる必要はありません。あなたの心臓は神によって動かされ、一息一息も与えられています。人には造ることのできない命を、神はあなたに日々与えているのです。それならば、なおさら将来のことをしてくださらないわけがありません。神を愛するあなたに備えられているものは、計り知れないのですから。

系図

> アブラハムの子、ダビデの子、イエス・キリストの系図。…それで、アブラハムからダビデまでが全部で十四代、ダビデからバビロン捕囚までが十四代、バビロン捕囚からキリストまでが十四代となる。
>
> [マタイ1:1,17]

　聖書通読は簡単ではない。通読が止まってしまう最大の難関は、レビ記…いや系図だ。私たちにとって系図はカタカナの羅列、似たような名前が多く、誰が誰なのか、どこの誰なのか把握しにくい。

　しかし、その名前の一つひとつが、聖書に載っていることを考えてほしい。神がその一人ひとりを、覚えていることがわかるからだ。聖書は物語ではなく実話であり、系図のすべてがキリストに向かっている。この神によって紡がれた人の名前は、神にしか創ることができない、誤魔化すことのできない、血筋の事実なのである。

　そして、キリストの十字架の犠牲により、エルサレムから遠く住む私たちのところに福音が届けられた。

　これは万軍の主の熱心が成し遂げたことだ。

失敗と挑戦

> 彼らは…言った。「民をみな上（のぼ）って行かせるには及びません。二、三千人ぐらいを上らせて、アイを討たせるとよいでしょう。彼らはわずかですから、民をみな送って骨折らせるには及びません。」そこで民のうち、およそ三千人がそこに上って行ったが、彼らはアイの人々の前から逃げた。　　　　[ヨシュア7:3,4]

　アブラハム・リンカーンは、成功の秘訣（ひけつ）とは何度も「失敗したこと」と言いました。彼は、失敗するたびに再び挑戦していたのです。失敗した時「もうすべてが終わりだ…」と思うかもしれません。しかし、神はその失敗から、さらに大きな挑戦へと導くのです。イスラエルの民は難攻不落のエリコを陥落（かんらく）させ、その後アイを攻めましたが、呆気なく敗北してしまいました。アカンが神の信頼を裏切り、捨て去らなければならない財宝を、隠し持っていたからです。

　神が望んでおられることは、イスラエルが戦いに勝つことではなく、彼らが神とともに生きることなのです。隠しもった罪は捨てなければなりません。キリストはあなたのために十字架で死なれたのですから、大胆に罪を捨て、再び進んでいきましょう。

9 日

神様>自分
·····················

> あの方は盛んになり、私は衰えなければなりません。
>
> [ヨハネ3:30]

　誰もが心密かに、一番になりたいなんて思っている。人から認められたいし、褒められたい。でも神さまに用いられて、大きなことを成し遂げたい、なんて思っていたら大きな間違いだ。一時は用いられたとしても、後々老齢による弊害に気づかず、煙たがれる存在になるのが関の山。

　神さまに用いられたいなんて思ってるうちは、まだまだ自分が盛ん。それでは自分が中心すぎて、神さまを端へ追いやってしまう。実際に偉業を成し遂げた信仰者たちは知っている。ただただ神さまが盛んになり、自分は衰えていったことを。

　人が試練や困難、絶望で練られるなら、ヨハネのように自分が衰えていくんだ。だから、あなたは神さまだけに頼って、神さまにしかできない救いを受けていこう。

ひかげもの
日陰者
....

> イエスはそこから進んで行き、マタイという人が収税所に座っ
> ているのを見て、「わたしについて来なさい」と言われた。する
> と、彼は立ち上がってイエスに従った。　　　　[マタイ9:9]

　ユダヤ人は、ローマ帝国の支配を嫌っていた。その国
に税金を収めるなど、屈辱だっただろう。マタイはロー
マ帝国の手先となり、人の足もとを見て、定められた額
以上に税金を徴収した。ローマ人からは蔑まれ、ユダヤ
人からは嫌われる。

　あなたは、このような立場になったことがあるだろう
か。誰からも声をかけられない。誰にも声をかけたくな
い。そんな日陰者の気持ちが、あなたにわかるだろう
か。医者を必要とするのは、丈夫な人ではなくマタイの
ような病人（マタイ9：12）。たとえ健康であったとしても、
「私は大丈夫」とは誰も言えない。

　イエスは、そんなマタイに「私についてきなさい」そう
語る。たとえあなたが日陰者だったとしても、イエスはあ
なたに声をかけられる。

⓫ 日

限られた時間の中で

> 祝宴の家に行くよりは、喪中の家に行くほうがよい。そこには、すべての人の終わりがあり、生きている者がそれを心に留めるようになるからだ。
>
> [伝道者 7:2]

結婚式も、お葬式も、とっても苦手。そこには過度な喜びがあったり、深い悲しみがあったりするからだ。その中にいると、現実離れした幸せ、あるいは不幸を感じて、居心地が悪くなる。

ただ、人の死を目の当たりする時、自分の人生にも終わりがあることを教えられる。すべての人が、限られた時間の中に生かされているなら、あなたは今、何をするだろう。本当に大切で、必要なことは何か。あなたが生き方を考えるなら、それがあなたの在り方となる。

もし、あなたが最後の一秒まで神とともに歩み、人生を喜び楽しむなら、地上の時間が終わり、神と出会う時、与えられた命の感謝を伝えるだろう。

だから、人生には終わりがあることを覚えて、今日を最善に生きよう。

日

悪い心があらわになる時

何よりもまず、互いに熱心に愛し合いなさい。愛は多くの罪
をおおうからです。　　　　　　　　　　　[Ⅰペテロ4:8]

　互いに愛し合うことを心がけるのは、大切なことだ。

　しかし、すべての人から愛される必要はない。実際の
ところ、あなたのことを決して受け入れない人もいるか
ら。そのような人は、あなたが、親切に優しく関わろうと
しても、あなたの好意を、はね除ける。あなたは、好意
をはね除けられたからといって、反撃するのはやめよう。
ただ、すべての人から愛されたいという誘惑を横に置い
て、普通に関わればいいだろう。

　たとえその人が間違いを犯しても、責め立ててはいけ
ない。また、その人に関する悪い情報も、あなたのとこ
ろで止めたほうがいい。そうしないと、あなたの愛のない
心が、あらわになってしまうから。

　だから相手を熱心に愛し、罪をおおうことを心がけよ
う。

13 日

ちゃんと魚は向かっている

> **主**は大きな魚を備えて、ヨナを呑み込ませた。ヨナは三日三晩、魚の腹の中にいた。　　　　　　　　　　[ヨナ1:17]

　神さまから離れてそのままでいると、いつの間にかその状態が当たり前になる。気づけば、信友たちのことばを煙たく感じ、「祈っているよ」の一言も素直に受け取ることができない。めんどくさいと思ってやるべきことから逃れても、やりたいことが見つからない。一体これからどうなるのかと、不安になったりもする。

　もし、あなたが思い悩み、道がわからなくなったら、ヨナのことを思い出そう。ヨナにとっては真っ暗で、どこに行くのかわからない三日三晩だったけど、神さまの目から見たら、ちゃんと魚は目的地に向かっていたんだ。

　神さまはいつも、あなたの傍らに立っている。そして、神さまにしかできない方法であなたを助けるんだ。

イエスに聞こう

> 彼がまだ話している間に、見よ、光り輝く雲が彼らをおおった。すると見よ、雲の中から「これはわたしの愛する子。わたしはこれを喜ぶ。彼の言うことを聞け」という声がした。
>
> ［マタイ17:5］

　イエスの姿が変わる。顔は太陽のように輝き、着ていた服は、光のように白くなった。弟子たちは驚きと畏れに包まれた。イエスは、神が人となられた存在。この姿は、本来の姿。するとモーセとエリヤが出てきて、イエスと話したんだ。モーセは律法を神さまから与えられた人物。律法は神さまから人間への要求が書かれている。エリヤは預言者を代表。律法に忠実に生きる預言者の姿だ。律法と預言者は旧約聖書全体を現す。三人が話していた内容は、イエスの最期の十字架だった。その時ペテロは、幕屋を作ると口を挟んだが、神さまは「彼（イエス）の言うことを聞け」と言われた。

　大切なことは、何よりもイエスのことばを聞くこと。聞き従うこと。今日、あなたに語られている。神さまのことばに従おう。

日

方向転換

....

> 万軍の**主**はこう言われる。「あなたがたの歩みをよく考えよ。山に登り、木を運んで来て、宮を建てよ。そうすれば、わたしはそれを喜び、栄光を現す。——主は言われる——
>
> [ハガイ1:7,8]

　神殿建設。イスラエルの民のアイデンティティー。捕囚の身から解放され、喜び勇んで故郷に戻る。しかし、彼らは想定外の妨害にあった。その結果、16年ほど建設計画は中断。彼らの心は、完全に挫かれてしまった。次第に神殿建設は、今ではないと民は語る。「環境が整っていない」「条件が悪い」などさまざまな理由が挙げられたのだろう。自分の家を建てることばかりを考えている民に対して、神さまは「なぜこのようなことになっているのか」とハガイを通して語る。

　私たちは、成すべきことからずれていても、なかなか気づくことができない。

　あなたが今日、方向転換する必要があると感じるなら、神さまが望まれる一歩を踏み出そう。

16 日

わたしのもとに来なさい（2）
....

しかし、あなたがたは選ばれた種族、王である祭司、聖なる国民、神のものとされた民です。それは、あなたがたを闇の中から、ご自分の驚くべき光の中に召してくださった方の栄誉を、あなたがたが告げ知らせるためです。　　　　　[Ⅰペテロ2:9]

　聖書の中には、さまざまな書簡がある。聖書は何を語っていると思う？　あなたは一言で説明できる？

　聖書は、神さまがあなたをご自身のもとに招く「招待状」なんだ。それでは、一体どんな人を招いていると思う？　それは、罪人。立派な人でも、人格が整っている人でもない。疲れている人や欠けのある人、そしてあなた。豊富な聖書知識があったとしても、神さまが「わたしのもとに来なさい」と言っていることを知らなきゃ、大切なポイントを見落としている。

　神さまはあなたを選ばれた。そして、ご自身の驚くべき光の中に召してくださったんだ。これは不思議なこと。

　もし、あなたが神さまの招きに応えるなら、神さまは大喜びで、あなたを迎えてくださるよ。

3月

17 日

天国って、行く場所じゃないよ

> 「時が満ち、神の国が近づいた。悔い改めて福音を信じなさい。」
> [マルコ1:15]

　一般的に、天国というものは、死んでから行くところ、みたいなイメージがもたれている。でも、その捉え方は、聖書が語る天国とはちょっとちがう。少し硬い言い方になるけど、天国って場所というより、状態。「どこに行くのか」という場所を指すのではなく、「誰が治めているか」という領域のことなんだ。

　だから天国って、死んでから行くところじゃない。あなたの心が神さまでいっぱい（支配されている状態）になっているのかどうかが、重要。

　あなたは、神さまの王室の中に入れられている。だから、この世界の隅々まで、神さまの領域が広がるように力を尽くしていこう。

　イエスさまはあなたに「神の国が近づいた」って、今日も語っているよ。

日

悲しみに思うがままにされないように

> そこで、ユダとベニヤミンの一族のかしらたち、祭司たち、レビ人たちは立ち上がった。エルサレムにある主の宮を建てるために上って行くように、神が彼ら全員の霊を奮い立たせたのである。　　　　　　　　　　　　　　　　　[エズラ1:5]

　たとえ、心が沈んでいたとしても、神はあなたの霊を奮い立たせることができる。心が死んでしまわないように、悲しみに思うがままにされないように、神さまはあなたを導き続けることができる。

　イスラエルの民は、しばらくの苦しみの後で、神さまからエルサレム神殿の再建を命じられたんだ。

　神さまはあなたにしかできない使命を与える方。目の前のチャレンジはどれもハードルが高く、簡単なものはないだろう。でも、心配しないでほしい。あなたが一人で、成し遂げるんじゃない。ともにいる神さまが、あなたの歩みを確かなものにさせる。

　だから、勇気ある一歩を踏み出そう。

　神さまが、あなたの心を奮い立たせてくださるから。

19 日

神さまはあなたを選ばれた

> あなたがたがわたしを選んだのではなく、わたしがあなたがた
> を選び、あなたがたを任命しました。それは、あなたがたが行っ
> て実を結び、その実が残るようになるため、また、あなたがた
> がわたしの名によって父に求めるものをすべて、父が与えてく
> ださるようになるためです。　　　　　　　　　　[ヨハネ15:16]

　この節は主語が大切。イエスは「あなたがたが」で
はなく「わたしが」選んだと言われた。

　神さまは、主権をもってあなたを選んだんだ。神さま
があなたを選んだ目的は、あなたに実を結ばせるため。

　たとえあなたに自信がなかったり、上手く話すことがで
きなかったり、人との関わりが苦手であったとしても、イ
エスは、あなたに実を結ばせる。

「あなた」ではなく、「わたし（イエス）」がポイント。
だから、あなたは大胆にあなたを選んでそこに置いてい
る、神さまに頼っていこう。

　そうするなら、神さまがあなたを選んだ理由が見えてく
る。そして、多くの実が実るよ。

20 日

「働かざる者食うべからず」じゃないよ

> あなたがたのところにいたとき、働きたくない者は食べるな、
> と私たちは命じました。　　　　　　　　[Ⅱテサロニケ3:10]

「働けない」と「働かない」には、大きな違いがある。そこには、働きたくても働けない人と、働けるのに働かない人がいるから。前者は、働く意欲があるのに、体が動かなかったり、病気であったり何らかの事情で働けない人。それに対して後者は、働けるのに人任せにして、やるべきことから逃れて怠けている人。

　こういう人は、食べ物に困ってもしかたがない。生きるために必要なことをしないのだから。その人なりの理由があったとしても、誰からも理解してもらえない。やるべきことを知りつつ、やってはいけないことで時間を潰しているから。

　やる気が出ない時があることもわかる。それなら、しっかりと休んで、少しずつでもやるべきことに取り組もう。神さまはあなたを助け、励ましてくださるから。

21 日

黙ることで祝福をもたらす

> 黙っているのに時があり、話すのに時がある。　　［伝道者 3:7］

　正直であることは大切。でも、心のうちのすべてを、人に話さなきゃいけないわけじゃない。だって、あなたの素直な気持ちのあげ足を取ったり、ことばの粗探しをする人もいるから。黙することで相手に敬意を払うことになり、黙することで相手を噂話から守ることにもなる。嘘はいけないけど、黙ることは必ずしも悪いことじゃない。黙することでさえ、誰かのためになることがあるんだ。それなら、人を祝福するために黙する人になりたいよね。

　心にあることを、すべて打ち明けることのできる相手は神さまだけ。

　あなたは神さまと人とに、誠実を尽くせばいい。

　真実を心に秘めて、必要なとき語っていこう。

22 日

あなたは必ず神の栄光を見る

> イエスは彼女に言われた。「信じるなら神の栄光を見る、とあなたに言ったではありませんか。」 [ヨハネ11:40]

　ラザロは死んで4日も経っていた。なぜ、イエスはラザロを癒やすことができなかったのか…。絶望と落胆の空気が漂う。イエスはラザロの死を悲しむ人々の姿を見て、憤られた。憤りの理由は、人に向けられたのか？否、死に向けられている。死は本来なかったもの。罪によって死がこの世界に入ってきた。

　私たちの最大の敵は死。人は死の力に打ち勝つことができない。しかし、あなたが十字架の救いを信じるなら、死の支配から解放されている。「ラザロよ、出てきなさい」とイエスは大声で叫ばれた。すると彼は布切れに巻かれたまま、墓から復活したのだ。人々は驚きのあまり声も出なかっただろう。

　あなたが今落胆しているなら、その必要はない。

　もし、あなたが信じるなら、あなたは神の栄光を見る。

日

昨日を捨てて、明日へ一歩

> 兄弟たち。私は、自分がすでに捕らえたなどと考えてはいません。ただ一つのこと、すなわち、うしろのものを忘れ、前のものに向かって身を伸ばし…。
>
> [ピリピ3:13]

　前に進むためには、うしろのものを忘れる必要がある。だってあなたは、成長の途中。伸びしろばかりの人。いい出来事だって悪い出来事だって、すべて過去のこと。過去にこだわっていると、心の重荷となり前に進めない。

　後悔は人生につきもの。成功なんて自慢となる。そんなものは今すぐ捨て置こう。さもないといつの間にか、イエスさまとくびきを、共にしていることを忘れてしまうから。

　あなたの重荷は何ですか。捨てられるものはある? 昨日の重荷を神さまに渡して、明日への一歩を踏み出そう。成長するために、うしろのものを忘れよう。

　そうすれば、身軽になって前に進める。神さまは、そんなあなたとともに未来を創ってくれるよ。

断食ってしたことある?

> それは、断食していることが、人にではなく、隠れたところに
> おられるあなたの父に見えるようにするためです。そうすれば、
> 隠れたところで見ておられるあなたの父が報いてくださいま
> す。　　　　　　　　　　　　　　　　　　　　　[マタイ 6:18]

　断食ってしたことある?

　聖書を見ると、人が悔い改める時や重大な決断をする
時、特別な使命が与えられる時に、断食をしている。

　断食って、一時的に何かを断ち、神さまに集中するこ
となんだ。そして、ただ願いを叶えてもらうための手段じ
ゃなくて、神さまとの関係を深くする目的がある。

　つまり、神さまを変えるんじゃなくて、神さまに集中す
ることによって、自分自身が変えられる。それが断食。
だから断食は、願い事を叶える手段でもなく、人に見せ
て信仰深さをアピールするものでもない。

　もしあなたが人知れず、何かを断って神さまに集中す
るなら、隠れたところにおられる神さまが報いてくださる
よ。

25 日

羊の命は、羊飼いのものなのに

> わたしは良い牧者です。良い牧者は羊たちのためにいのちを捨てます。
>
> [ヨハネ10:11]

　羊は弱い動物。弱いくせに、強がって弱さを見せないようにもする。頑固で厨二病みたいな性格をしているんだ。その上、近眼で、なかなか食べ物を見つけられない。だから、牧者がいないと生きていけない。

　イエスさまは、良い牧者＝羊飼い。羊飼いは、そんな羊たちのために命を捨てる。実際は、羊は羊飼いのものであって、羊の命は、羊飼いのものなのに。

　羊一匹いっぴきを、大切にしてくれるんだ。

　イエスさまは、あなたのために、命を捨てた。神さまの命が捨てられるほど、愛されてるあなたは、その愛にどう応えますか。

　もし、本当の幸せに生きたいなら、羊飼いであるイエスさまのところに行こう。

日

生きる幸い、死ぬ幸い

> 私にとって生きることはキリスト、死ぬことは益です。
>
> [ピリピ1:21]

　イエスさまは、あなたにとってどういう方？　パウロにとってイエスさまは、すべてのすべて、まるで全世界のようなものだった。彼はイエスさまと親友のように親しく交わりをもっていたので、獄中からでもイエスさまのことを手紙に書き、多くの人を励ませたんだよね。パウロは何よりも、どんな形であっても、キリストが宣べ伝えられることを喜んでいた。彼は獄中にいて何もできないけれども、自由に動ける人に宣教の働きをゆだねていたんだ。きっとパウロはその人たちのことを尊敬していたと思う。

　パウロは生きても死んでも、キリストが伝えられ、信じられることを望み続けた。

　あなたには、パウロのような思いはあるかな。

　もしあるなら、あなたを通して多くの人が生かされるよ。

27 日

屈辱を感じたなら

> そしてイエスが着ていた物を脱がせて、緋色(ひいろ)のマントを着せた。それから彼らは茨で冠を編んでイエスの頭に置き、右手に葦(あし)の棒を持たせた。そしてイエスの前にひざまずき、「ユダヤ人の王様、万歳」と言って、からかった。　[マタイ 27:28,29]

　からかいに侮辱(ぶじょく)、虐待にいじめ。非常に子どもじみた馬鹿げた行動。見るのも気分が悪く、やっているほうの品性など皆無な、下劣極まりない行為。信じ難いが、こんなことをする人たちがいる。みんなでよってたかって一人を痛めつける。決して一人ではしないのに、集まると悪いほうに流される。そういう類の人たちだ。

　もし、あなたがいわれのない侮辱、無視、蔑(さげす)みを受けているなら、イエスさまも同じ体験をされたことを思い出してほしい。あなたが味わっている屈辱は、イエスさまも知っている。そしてあなたは今、イエスさまが味わった屈辱を経験しているんだ。屈辱を感じる時、苦しみを受けられたイエスさまを思い出そう。

　あなたにイエスさまの平安が与えられるよう、祈ります。

たとえ自分に絶望しても

> そのころ、イエスを売ったユダはイエスが死刑に定められたのを知って後悔し、銀貨三十枚を祭司長たちと長老たちに返して、言った。 ［マタイ 27:3］

　ユダはイエスを売った。その取り返しのつかない大きな罪に、彼は後悔する。売った代金である、銀貨30シェケルを返したが、そんなことで後悔が消えるはずもない。イエスに対する裏切りと、盗み。これが問題だった。その後、ユダは自殺する…。自分のことが許せなかったのだろう。

　私たちにも「ユダと自分は違う」なんて言えないことがあるだろう。多くの弟子もイエスを裏切り、ペテロもイエスを3度知らないと言った。

　しかし、大切なことは、たとえ絶望の中にいたとしても、十字架の救いを信じることなんだ。

　もし、今日あなたがイエスを信じるなら、罪は赦され、救いと平安が与えられる。

　十字架のイエスを、仰いでいこう。

29 日

パラダイス

....

> イエスは彼に言われた。「まことに、あなたに言います。あなたは今日、わたしとともにパラダイスにいます。」[ルカ 23:43]

　イエスは、頭には茨の冠をかぶせられ、手足を釘で打たれ、十字架にかけられた。彼は犯罪者のように扱われたのだ。人々はイエスに向かって「自分を救ってみろ!」と悪口を言った。イエスが十字架から降りようと思えば、何の造作もなく降りられただろう。しかしもし、降りたなら私たちの罪を贖うことはできない。イエスは嘲る人々を前にして「父よ。彼らをお赦しください」と語ったのである。このことばは、イエスを十字架にかけた者にも向けられている。

　一緒に十字架刑を受けた強盗の一人は、イエスをのしったが、もう一人は自分の罪を自覚し、悔い改め、イエスを信じた。彼は、その場で救われたのだ。

　どのような罪人であっても、心からイエスを信じるなら、イエスとパラダイス（天国）にいる。

わたしが、それです

> そこでイエスは言われた。「わたしが、それです。あなたがたは、人の子が力ある方の右の座に着き、そして天の雲とともに来るのを見ることになります。」 [マルコ14:62]

「ほむべき方の子キリスト」。それがイエスの罪状。大祭司は、イエスの「わたしが、それです」ということばを聞いて、神を冒瀆(ぼうとく)することばとした。そして、イエスを死に値すると決め、十字架刑に処したのだ。

神を冒瀆するとはどういうことだろうか。それは唯一の神を無視し、自分が神となること。イエスは神を冒瀆するどころか、全く罪を犯さず神に従われた。神を冒瀆しているのは大祭司ではないだろか。彼はイエスに嫉妬し、殺そうとしている。

しかし、考えてほしい。大祭司のような罪の心を、私たちももっていることを。嫉妬、怒り、恨み。そのような心がないとは誰も言えない。イエスはこのような私たちの罪を身代わりに背負い、十字架で殺されたのだ。

31 日

復活の主

> イエスが上（のぼ）って行かれるとき…白い衣を着た二人の人が、…こう言った。「ガリラヤの人たち、どうして天を見上げて立っているのですか。あなたがたを離れて天に上げられたこのイエスは、天に上って行くのをあなたがたが見たのと同じ有様で、またおいでになります。」
> [使徒 1:10,11]

イエスは死の力を打ち破った。死からよみがえり、復活した主。これは驚くべき史実。罪の呪いは打ち砕かれ、あなたに神との和解と永遠のいのちを与えた。イエスは、天においても地においても、一切の権威を授けられている。復活の主は今も生きて、あなたとともにいるのだ。

あなたはこの希望を、この信仰を、張り裂けんばかり胸に抱いているだろうか。もし、あなたを恐れさせる何かがあったなら、いよいよ神の腕の見せどころだと信じることができる。試練の中でこそ、信仰は育つもの。あなたには生きる信仰があり、必ず前進することができる。

なぜなら、死に打ち勝ち、天に昇られた方から力を受けるからだ。落ち込むことはない、神の力はつねに上からあなたに注がれているのだから。

4 月

April

❶ 日

復活の力

·····················

> 彼女たちは恐ろしくなって、地面に顔を伏せた。すると、その人たちはこう言った。「あなたがたは、どうして生きている方を死人の中に捜すのですか。ここにはおられません。よみがえられたのです。 [ルカ24:5,6]

　全力でもがくのが高校生だ。勉強にせよ、人間関係にせよ、悩み、この社会に葛藤をぶつけていく。もがくことは悪いことじゃない。懸念すべきことは、いつの間にか無気力になってしまうこと。

　私たちは一度疲れきってしまうと、なかなか立ち上がれないことがある。しかし、たとえあなたが生きる屍(しかばね)のようになったとしても、焦ったり嘆いたりする必要はない。なぜなら、主はよみがえられたからだ。

　復活の力は死人の中には見つからない。復活の主を見上げれば、一番良い時にあなたは再び立ち上がる。神は、あなたの状況を誰よりも知っている。あなたにとって、復活の力がどれほど大きいものか改めて考えてほしい。

　復活の主はあなたとともにおられる。

2 日

可能性はあなたの前にある

·······································

> 私は、すでに得たのでもなく、すでに完全にされているのでも
> ありません。ただ捕らえようとして追求しているのです。そして、
> それを得るようにと、キリスト・イエスが私を捕らえてくださっ
> たのです。　　　　　　　　　　　　　　　　[ピリピ 3:12]

　パウロはどんな時にも、懸命に福音を伝え続けまし
た。持病、迫害、妨害は、どれも彼の宣教の働きを止
める理由にはならなかったのです。年老いてからは牢に
つながれ、死刑の宣告を予感しながら、教会に数々の
手紙を書き送りました。幾度となく死の危険を通ったパ
ウロは、試練のたびに、新たな力を得ているように見え
ます。

　なぜこのように、彼は生き生きと伝道し、活気にあふ
れ多くの人を励ますことができたのでしょうか。その理由
は、パウロがつねに前を向いていたからです。過去の功
績や失敗は、彼の留まる場所にはなりませんでした。あ
なたも、うしろのものを忘れ、前のものに向かって走るな
ら、上よりの力が注がれるでしょう。

　新たな可能性は、つねにあなたの前にあるのです。

日

父なる神とともに
·····································

> そのうちに、彼は夢を見た。見よ。一つのはしごが地に向けて
> 立てられている。その頂は天に届き、見よ、神の使いたちが、
> そのはしごを上り下りしている。　　　［創世28:12 新改訳第三版］

キリスト教って何?　って聞かれたら、どう答える?

　なかなか一言では答えられないよね。いったい自分が
信じているキリスト教って何なんだろう…。そんなことを
考え始めたら、あなたは答えに苦しむかもしれない。

　でも、答えは至ってシンプル。キリスト教とは、キリス
トご自身なんだ。この生ける神さまを信じること。ともに
歩んでくださる神さまと、ともに生きること。神さまが天
から降りてきて、あなたとともにいること。そのすべてのこ
とがキリストであって、キリスト教なんだ。

　天から地に向かって、はしごが立てられているってとっ
ても不思議。これは、父なる神さまの祝福があなたに注
がれていること。

　あなたは、その恵みを一身に受けていますか。

チャンス・チャレンジ・アドバンテージ

> 機会を十分に活かしなさい。悪い時代だからです。ですから、愚かにならないで、主のみこころが何であるかを悟りなさい。
>
> ［エペソ5:16,17］

「では、お祈りお願いします」「今度証し、頼むね」なんてことを言われたことはありませんか。それだけでなく、何かにチャレンジする機会が、たくさんあったはずです。そんな時、あなたならどうする？

あー無理無理、今はちょっと精神的に一杯いっぱいで…。テストが近くて、バイトもあって〜、なんて断ったことはありませんか。まあ、断ることは自由。自由意志が与えられているのですから…。

でも、チャンスはつかまなければ、何の成長もありません。上手くできなくても、下手でもいいんです。機会を活かしてチャレンジすれば、その経験はいつか必ず互いに共鳴して、一つになる。成功より、苦しんだり失敗した経験が、あなたの深みを増させます。

機会を活かして、自分へ投資しよう。

5 日

どう答えていいかわからない時には

> あなたがたのことばが、いつも親切で、塩味の効いたもので
> あるようにしなさい。そうすれば、一人ひとりにどのように答
> えたらよいかが分かります。　　　　　　　　[コロサイ 4:6]

　人と話すって難しい。相談に乗ったり、言う必要に迫
られたりする時なんかは特にそうだ。みんないろいろな事
情を抱えているから、こちらが良かれと思って言ったこと
ばが裏目に出たりもする。そんなことを考えていると、伝
えなきゃいけないことばをなかなか伝えられなくなってし
まう。誰だって嫌われたくないし、人をキズつけたくはな
い。中には嫌われることを恐れて、お世辞ばかり言う人
がいる。

　でもお世辞は、親切なことばなんかじゃない。親切な
ことばは、相手の将来を考えて語る助言。塩味の効い
たことばとは、塩辛い注意ではなく、みことばに沿ったこ
とばだ。答え方がわからない時は、相手の将来を考える
優しさと、みことばに沿ったことばを考えよう。

　経験を積めば、きっとあなたは答えに困らなくなる。

イエスはあなたのところに来られる

> しかし、わたしが与える水を飲む人は、いつまでも決して渇くことがありません。わたしが与える水は、その人の内で泉となり、永遠のいのちへの水が湧き出ます。　　　[ヨハネ4:14]

　あなたは周りを見渡せば、この世の水が簡単に見つかるだろう。しかし、その水はあなたを満たすどころか、かえって渇かせる。自由奔放に振る舞い続けたサマリアの女性がどうなったかを考えてほしい。何人もの男性と関わりをもった彼女だったが、決して満たされることはなかった。それどころか、心は渇ききり、孤独の底に落ちた。

　あなたには、彼女のように5人の夫はいないだろう。しかし、手放せない心の欲望はないだろうか。

　イエスはあなたが抱える心の問題に触れ、解決し、満たすことができる。その満たしは、本当の幸せ、本当の喜びであり、人には創り出すことのできないもの。

　いのちの水が泉のように湧き出るために、イエスはあなたのところに来てくださる。

7 日

わずかなパン種

....

> あなたがたはよく走っていたのに、だれがあなたがたの邪魔を
> して、真理に従わないようにさせたのですか。そのような説得
> は、あなたがたを召された方から出たものではありません。わ
> ずかなパン種が、こねた粉全体をふくらませるのです。
>
> [ガラテヤ 5:7-9]

　何か大きな出来事があったから、人が間違うのではあ
りません。たとえわずかな間違いだったとしても、受け入
れてしまうなら、ライフスタイルが変わります。そして、
ライフスタイルが人生を作るのです。ガラテヤの人々
は、偽教師からの影響を受けて、行いによって神に認め
られようとしました。これでは「ああしなさい」「こうしな
さい」という、戒律的な信仰に逆戻りです。神との関係
は、愛によって成立します。わずかな間違いが、ガラテ
ヤの人々を真理から遠ざけました。

　私たちは、間違った価値観や習慣に気づきにくいもの
です。小さなズレが、ゆくゆくは大きな間違いにつなが
っていくのですから、わずかな間違いに気がつけるよう
に、祈りましょう。

8 日

計画は順調には進まない

> あなたのわざを主にゆだねよ。そうすれば、あなたの計画は堅く立つ。
>
> [箴言 16:3]

　こんなこと言われたら、ショックかもしれないけど、思っていたように物事が進むことなんて、まずない。人生計画を立てても、想定通りに進まないのが現実なんだ。いろいろと見通しを立てて、上手くいくような予想はできても、実際にやってみれば上手くいかない。

　でも、そんなことでいちいち腹を立てていたら、未熟者のままだ。計画は達成すると満足感はあるけど、充実感はなくなってしまう。チャレンジすることが難しければ難しいほど、やりがいがあるんだよね。

　だから、あなたに困難が襲いかかったとしても、神さまにゆだねていこう。

　事を成し遂げる神さまがともにいるあなたは、計画をゆだねて大胆に前進しよう。

9 日

人を富ませる

「面倒臭い」「後でやろう！」「誰かやってくれたらなぁ…」こんなことばかり考えているのが無精者です。面倒臭がり屋が課題に取り組むと、やらされてる感がまとわりつき、結果が伴いません。そうすると、さらにやる気がなくなり悪循環に陥ります。

一方、勤勉な者は、与えられた課題に一生懸命に取り組みます。実際、中途半端にするより、全力を尽くしたほうが楽なのです。その人は少しずつ力をつけて、良い結果を刈り取るでしょう。勤勉に生きるとは、自分だけが成功することではありません。勤勉に生きるなら、「勤勉な者の手は人を富ませる」とあるように、「人を富ませる者」となることが必要です。

自分だけの成功を追い求めるのではなく、人をも成功させる者となりましょう。

信仰は見えますよ。はい。

> 「いつ私たちは、あなたが病気をしたり牢（ろう）におられたりするのを見て、お訪ねしたでしょうか。」すると、王は彼らに答えます。「まことに、あなたがたに言います。あなたがたが、これらのわたしの兄弟たち、それも最も小さい者たちの一人にしたことは、わたしにしたのです。」　　　　　[マタイ25:39,40]

　信仰は目に見えない？　そんなことはない。信仰は行動を通して見える。信仰をもっている人は、活発で行動的。なぜなら良い結果が出せるかわからない中でも、神に信頼しているからだ。しかし、不信仰な人は神に信頼するよりも、恐れに縛られて行動できない。

　あなたはどちらだろうか。ただし、覚えておいてほしい。信仰を見せるための行動は、卑（いや）しいことを。

　たとえ、あなたが活発で行動的であったとしても、自分の行いに立っているのか、キリストのために行動しているのか吟味しなければならない。もしキリストのために行動するなら、あなたは、自分がした良いことを忘れるだろう。しかし、その行いは神が覚えている。

　あなたに善を行う機会が与えられたら、神と隣人とのために行動しよう。

11 日

見ずに信じる者

....

それから、トマスに言われた。「あなたの指をここに当てて、わたしの手を見なさい。手を伸ばして、わたしの脇腹に入れなさい。信じない者ではなく、信じる者になりなさい。」

[ヨハネ20:27]

　私はその場にいなかった。私は見ていない。私のいないところでなぜ…。自分がその場にいない時に起こった出来事が、信じるに値しないことにはなりません。

　イエスに出会った他の弟子たちは、イエスの復活を興奮気味に話していました。しかし、その場に居合わせなかったトマスは、頑なに復活を信じなかったのです。その後、イエスが再び現れるまでの8日間、トマス以外の弟子は復活の主を喜びましたが、トマスは心中穏やかではなかったでしょう。信仰に生きるなら当然受けられる祝福を、不信仰は掻き消してしまうのです。もし、あなたが信じるなら、平安といのちが即座に与えられます。神は今も、あなたとともにいます。見ないで信じる幸いな者になりましょう。

今めぐみに立つ

> 喜んでいる心は健康を良くし、打ちひしがれた霊は骨を枯らす。
>
> [箴言 17:22]

　喜んでる人って、ただただ幸せそうに見えているわけじゃない。いつも心に喜びをもつことは簡単じゃないよ。その人は、過去の失敗に囚われていないし、まだ見ぬ将来も心配していないんだ。人から言われたことで、落ち込んでしまうような出来事にも囚われない。今を生きるって、簡単じゃないよね。ただ、ボクたちは今しか生きられないんだけどね。

　今、与えられている恵みに立つことは、集中力がいる。

　だって、不幸は多いし理不尽な思いもするでしょ。でも、いつも悲観的になっていると、健康な体も蝕まれてしまう。あなたが何かを見て、どう受け取るのか。それが喜びの分岐点。

　今、神さまの恵みに立とう。あなたがいつも、主の恵みの中で生きられるよう、ボクも祈ります。

13 日

心を責める告発者サタン

．．．．．．．．．．．．．．．．．．．．．．．

> 私は、大きな声が天でこう言うのを聞いた。「今や、私たちの神の救いと力と王国と、神のキリストの権威が現れた。私たちの兄弟たちの告発者、昼も夜も私たちの神の御前で訴える者が、投げ落とされたからである。 [黙示録12:10]

　悔い改めても、悔やまれる。そんなことはありませんか。そんな時は、悔い改めについて確認してみましょう。もしかしたら、サタンの攻撃かもしれません。

　もしあなたが、神さまの前に罪を犯したなら、神さまに対して罪を告白し、悔い改めることが必要です。また、あなたが神さまと人とに対して罪を犯したなら、可能な限り、その人にも謝罪する必要があるでしょう。それらの罪の告白をした上で、悔い改めても、まだもやもやと心の責めを感じるなら、サタンがあなたの心を責めている可能性があります。

　見分け方は簡単です。神さまに導かれた悔い改めは、悔い改めたなら、心がスッキリと解放されるからです。あなたの罪は赦されているのですから、恵みを受けて前進しましょう！

14 日

パパ、これやってー

> そして、あなたがたが子であるので、神は「アバ、父よ」と叫ぶ御子（みこ）の御霊（みたま）を、私たちの心に遣わされました。
>
> ［ガラテヤ4:6］

　アバっていうのは、赤ちゃんが初めて口にする幼児語。神さまを信じたその瞬間から、あなたは神さまの子どもとなる。子どもって「パパ買ってー！」とわがまま言ったり、疲れると「やだー、わ〜ん！」とすねて泣いたり、駄々をこねる。とっても、わがままだよね。

　でも「アバ、父よ」と叫べるのは、それほど親しい関係が与えられているってことなんだ。

　あなたはいつの間にか、大人っぽくなって、神の子の素直さを忘れていない？　あなたは神さまの前では、大人ぶらなくていい。だから大胆に「パパこれやってー！」と祈って頼ってみよう。そうすれば、神さまがどれほど懸命にあなたを助けてくれるのか、わかるよ。

15 日

成長するために

> ですからあなたがたは、すべての悪意、すべての偽り、偽善やねたみ、すべての悪口を捨てて、生まれたばかりの乳飲み子のように、純粋な、霊の乳を慕い求めなさい。それによって成長し、救いを得るためです。　　　　　［Ⅰペテロ2:1,2］

　日々、乳飲み子のように、みことばを慕い求めるなら、私たちは成長します。なぜなら、みことばは朽ちない種であり、神の力が宿っているからです。みことばが私たちの心に蒔かれるなら、その種は必ず成長し、私たち自身も成長するのです。

　しかし、なぜみことばが与えられているのに、成長する者と、そうでない者とに分かれるのでしょうか。その理由は、「悪意」「偽り」「偽善」「ねたみ」「悪口」の習慣が残っているからです。

　私たちの心に、みことばの新しい規準が与えられても、悪い習慣に留まるなら、私たちは成長できず、むしろ悪い習慣のほうが成長してしまうでしょう。

　あなたの心は何から栄養を受けていますか。あなたを本当に成長させるものから、影響を受けてください。

肉の欲を避ける

> 愛する者たち、私は勧めます。あなたがたは旅人、寄留者なのですから、たましいに戦いを挑む肉の欲を避けなさい。
>
> ［Ⅰペテロ2:11］

　神に愛されている者、それは私たちです。私たちはこの世にあって旅人、寄留者なのです。この世には患難があり、生活は安定せず、物事が思うように進みません。試練が長く続くと私たちは、「神から見放されているのではないか…」と落ち込んでしまうこともあります。

　しかしたとえ、そう思ったとしても、「神に愛されている」事実が変わることはありません。神に愛されている者として、どのように生きればよいのでしょうか。

　それは、肉の欲（罪への誘惑）を避けることです。

　誘惑がたましいに戦いを挑んでくるなら、神のほうを向き、一歩踏み出します。

　もし、あなたが誘惑にあうたびに、神に向かって行くなら、肉の欲から遠ざかるばかりか、その生き方に主の栄光が現されるのです。

愛と行動

> そして、週の初めの日の早朝、日が昇ったころ、墓に行った。
> [マルコ16:2]

　安息日の次の日。週の初め日曜日、イエスさまは復活された。イエスさまは安息日前に十字架にかかったので、急いでお墓に入れられた。ところが、墓にはローマ兵が立っていたので、マグダラのマリアたちは、そこに入れるかわからなかった。

　でも、どうしても埋葬の準備を終わらせたかったんだろう。それは、イエスさまに対する愛。口先だけではなく、リスクを負って彼女たちは行動したんだ。だから、一番初めに復活のイエスさまに出会ったのが、彼女たちだったのだろう。

　この出来事は、イエスさまのほうから現れてくださったことが大きなポイント。あなたの心はどこに向いているだろうか。もし今日、イエスさまを求めるなら、あなたはイエスさまに出会うんだ。

赦し

> イエスは彼らの信仰を見て、中風の人に「子よ、あなたの罪は赦された」と言われた。　　　　　　　　　　　　[マルコ2:5]

　罪が赦される。これは最も重要なこと。私たちが抱える深い問題への解決。友人たちは中風の男を担ぎ、イエスのみもとへ連れてきた。しかし、群衆のためにイエスに近づくことができない。友人たちの行動は目を見張るものがある。多くの人が見ている中、なんと屋根をはがし、イエスのところに寝床をつり降ろした。イエスは彼らの信仰を見て、そして、中風の人に「子よ、あなたの罪は赦された」と罪の赦しを宣言した。

　世の中には罪で苦しむ多くの人たちがいる。どんなに理由をつけても、人は神からの「赦し」がなければ、罪や咎から解放されることはない。

　もし罪に苦しむ人を見たなら、諦めてはいけない。イエスはあなたの信仰のゆえに、その人をあわれんでくださる。

19 日

怒り

> 怒（いか）っても、罪を犯してはなりません。憤ったままで日が暮れる
> ようであってはいけません。　　　　　　　　[エペソ 4:26]

　怒り＝罪じゃない。正しい怒りもあるし、利己的な怒り
もある。でも、気をつけなければいけないことは、怒りの
感情は、他の感情よりも、罪に近いことなんだ。感謝や
喜びは、直接罪につながりにくいけど、怒りが行き過ぎ
てしまうと、暴言や暴力に変わってしまう。

　あなたが、怒るべきことを目の当たりにしたなら、罪
を犯すことなく、正しい手順を踏んで対応する必要があ
る。自分のために怒ってるのか、他者を助けるために怒
ってるのか、怒りの動機を考えよう。そして、この怒りは
神さまの前で正しいかどうかを祈るなら、怒りの解決が
与えられる。

　あなたが相手をさばいたり、何かを根にもったり、
苦々しい思いをもったまま一日を過ごすことのないように
祈ります。

日

今、そこにある奇跡

見よ。わたしはあなたとともにいて、あなたがどこへ行っても、
あなたを守り、あなたをこの地に連れ帰る。わたしは、あなた
に約束したことを成し遂げるまで、決してあなたを捨てない。」

[創世28:15]

　人生のいろんなものが合わさって、今ここにあなたは
いる。意識した時間も、無意識で過ごした時間も、すべ
てを積み重ねた先に、あなたはいるんだ。

　神さまは本当にいるのだろうか。疑ってしまうことがあ
る。でも神さまは、あなたと出会う準備をすでに整えてお
られる。ヤコブは700kmにも及ぶ、いやそれ以上の旅を
した。父と兄を騙し、逃亡する日々。先の見えない不安
があっただろう。

　今あなたは、心に何を抱えていますか？　恐れ、不
安、怒り、孤独…。たとえどのような心境であっても、
神さまは来てくださる。すべての状況の中で、あなたが
いるその場所に、来てくださる。

　天からのはしごは、あなたに向かって掛けられてい
る。神はあなたのそばに立ち、祝福を与える方だ。

㉑ 日

たとえ自信がなくても

> あなたがたは、キリストを死者の中からよみがえらせて栄光を
> 与えられた神を、キリストによって信じる者です。ですから、あ
> なたがたの信仰と希望は神にかかっています。
>
> [Ⅰペテロ1:21]

　自信がないことで、悩む必要なんてない。自信がない
から神さまに祈ることができる。自信がないから神さまに
頼ることができる。自信がないから神さまとともに努力で
きる。自信満々の人には、できないことがいっぱいだ。
自信のないあなただからこそ、できることがある。

　大切なことは、希望にあふれる神さまとつながること。
そうすれば、あなたは自信のない自分をまるごと受け入れ
ることができる。神さまとともに、今できる大好きなこと
を実行してみよう。そこがいつも最高のスタートラインに
なるんだよね。

　神さまがともにいるあなたにできないわけがない。

　それができるように、ボクもあなたを応援する。マイナ
スなんて、すぐにプラスに変えられるんだ。

あなたが奮い立つなら

> アブラムは、自分の親類の者が捕虜になったことを聞き、彼の家で生まれて訓練された者三百十八人を引き連れて、ダンまで追跡した。 ［創世14:14］

　エラムの王ケドルラオメル、ゴイムの王ティデアル、シンアルの王アムラフェル、エラサルの王アルヨク。この4人の連合軍が、ソドムの王、ゴモラの王、アデマの王、ツェボイムの王、ベラすなわちツォアルの王の5人を打ち破った。問題は、打ち破られたソドムの町に、アブラハムの甥のロトがいたこと。ソドムの町は非常に罪深い町で、甥のロトはそこに住んでいたんだ。アブラハムは親類の者が捕虜になったと聞き、奮い立って318人を引き連れて追跡した。

　試練は、人の心を露わにする。試練が襲いかかると、神に対して不満を言う人もいるけど、アブラハムのように神に頼り、大胆に行動する人もいる。

　あなたが神に頼り奮い立つなら、略奪した者たちを打ち破り、すべてを取り戻す。

23 日

これスルーしてない?

> しかし、わたしはあなたがたに言います。自分の敵を愛し、自分を迫害する者のために祈りなさい。　　　　　[マタイ 5:44]

　そもそも人を好きになれないのに、敵を愛するなんて無理無理!　なんて思ってはいませんか。このみことばは、確かにかなりハードルが高いのも事実だが…。

　神さまからの助けを求めるのは前提として、あなたもいくつか意識してみよう。他者の欠点を挙げ連ねるのではなく、例えば、その人を受け入れようとすることや、強みを見つけることを。またその人の育った背景や、今置かれている状況を想像することを。そうすると、その人も一人の人間であって、自分とそう変わらないことが見えてくる。

　あなたが相手に嫌悪感や恐れを抱いているとき、それは相手も同じなんだ。だから、敵のためにもじっくり祈っていこう。そうすれば、神さまの視点と愛があなたに与えられるよ。

注ぐほどに満たされる

> 愛は寛容であり、愛は親切です。また人をねたみません。愛は
> 自慢せず、高慢になりません。礼儀に反することをせず、自分
> の利益を求めず、苛立たず、人がした悪を心に留めず、不正
> を喜ばずに、真理を喜びます。　　　　　[Ⅰコリント13:4-6]

　あなたは、ここに書かれているような愛が、自分には
ないと思うかもしれない。でも、それはあなただけじゃな
い。誰だって自分の心を深く見つめるなら、完全な愛な
んて、もち合わせてはいないことに気づく。完全な愛は
ない。そう感じても、完全な愛をもっている聖霊が、あ
なたのうちにはいる。

　もし、あなたが自分には愛が足らないと、そう感じた
ら、わからず屋の憎い相手であっても、思いきって愛を
注いでみることだ。そうすれば、あなたのうちにおられる
聖霊から、愛が流れてくることがわかる。

　あなたが愛を注げば注ぐほど、聖霊はあなたを愛で満
たす。愛を注ぎつづけるなら、聖霊がさらに愛を増し加
えてくれる。そして、あなたはいつの間にか、イエスのよ
うに変えられるんだ。

25 日

みんなは一人のために、一人はみんなのために

> 怠け者よ、蟻のところへ行け。そのやり方を見て、知恵を得よ。蟻には首領もつかさも支配者もいないが、夏のうちに食物を確保し、刈り入れ時に食糧を集める。　　　　[箴言 6:6-8]

　人から言われて行動するのって、やらされている感がある。やらされている感を感じると、意欲が爆下がりするよね。蟻に知恵があるのは、蟻には何かを命令する支配者はいないけど、率先して必要な行動を取っているから。あ！　これはあなたに、働き蟻みたいになれって言っているんじゃないよ。

　誰も先のことはわからない。だけどちょっと考えれば、今やらなきゃいけないことってわかるはず。だからそのために、学んだり調べたりする行動を怠けないほうがいいよね。結局のところ、それが将来の備えにつながるんだ。誰かに言われて行動するより、自分から行動したほうが気分はいいと思う。

　そして、できることなら蟻のように、教会という群れ全体のために働けたらいいね。

嫌われる勇気

神と人の前に 好意を得、聡明であれ。　　　　　［箴言 3:4］

　嫌われる勇気！　なんて言われても、嫌われることが
平気な人なんていない。みんなから好かれたいし、みん
なと仲良くしていたい。

　でも、八方美人な生き方は疲れるし、かえって孤立す
るかもしれない…。そうなったらしんどいだけ。神さまば
っかりでも、人ばっかりでもない。ただでさえどちらも難
しいのに、神からも人からも好意と聡明を得るなんて、
とてもじゃないけど、できっこない。結局、寂しくてわが
ままな自分がいる…。もーどうすればいいんだぁ…と思い
詰めてしまう。

　でも、できない弱さに向き合ってこそ、神さまにより頼
めるんだ。あなたをみことばに生かすことができるのは、
語られる神さましかいないからね。だから人間関係で悩
んだ時、このみことばで祈ってみよう。

27 日

いつメン
·················

> 「ユダヤ人もいれば改宗者もいる。またクレタ人とアラビア人もいる。それなのに、あの人たちが、私たちのことばで神の大きなみわざを語るのを聞くとは。」
>
> [使徒2:11]

　年齢、ファッション、神学、礼拝スタイル。クリスチャンには、様々な個性をもった人たちがいる。

　あなたは、自分と違う人を見たら何を感じる？ 自分よりも元気で明るい人。ちょっと静かめな人。あなたには到底理解できない人と、出会うかもしれない。そんな時、恐れてしまって、偏見や劣等感にとらわれないように。あるいは、優越感を感じて、その人のことを低く見ないように。

　なぜなら神さまは、すべてのクリスチャンを受け入れていて、聖霊を注いでいるから。

　神さまにとっては、すべてのクリスチャンがいつメン。神さまに分け隔てはない。だから、あなたはあなた自身が大切にしている神さまのことを心に秘めつつ、すべての人と神さまをともに見上げていこう。

神さまはあなたを喜ばせたい

> **主よ　あなたは　あなたのなさったことで／私を喜ばせてくだ
> さいました。／あなたの御手のわざを／私は喜び歌います。**
>
> [詩篇92:4]

　戒めにいましめ、規則にきそく（イザヤ28：10、13新改訳
第三版参照）。節制して、神さまに仕える。確かに、大切
なこと。だけど、神さまがそのことをあなたに勧める理由
は、規則で縛りたいからじゃない。むしろ、あなたが罪
や咎から自由になり、喜びにあふれて生きるためなんだ。

　もし、あなたが神さまの前で素直に祈るなら、神さま
の不思議な導きと祝福を味わえるよ。神さまは、ユニー
クで柔軟な方。そして、なによりも不可能を可能にする
方。あなたが残念に思うことさえも、祝福に変えてしま
う。

　だから、どんな時にも希望をもって、神さまの御手の
わざに期待しよう。

　きっと、思いもよらない祝福をたくさん与えてくれるよ。

㉙ 日

平和をつくり、わざわいを創造する神

> わたしが**主**である。ほかにはいない。わたしは光を造り出し、闇を創造し、平和をつくり、わざわいを創造する。わたしは**主**、これらすべてを行う者。　　　　　　　[イザヤ 45:6,7]

　信仰告白は1回じゃ終わらない。神を信じることは、絶えず起こる選択。

　神は光をつくり、闇を創造する。平和をつくり、わざわいを創造する。わざわいは悪霊のものと思うかもしれない。確かに言えることは、神はわざわいを与えて、絶えず人間を苦しめようとは思っていない。そればかりか、すべてのわざわいの責任さえもとられる方。その絶対的な主権は、人間の理解を超えている。

　だから、あなたが生きている間に起こる試練や苦しみのすべてを、理解することはできないだろう。ただ大切なことは、すべての事柄の中に神を認め、選び取ること。

　あなたが成功の時も失敗の時も、神を選び取るなら、神はあなたに力を与えられる。

30 日

全世界へ福音を

　教会っていろいろな種類がある。人を招くことが得意な教会もあれば、人が来るのをひたすら待っている教会もあったり。かと思えば、「あの教会の先生のメッセージは良い」「こっちの教会は人が集まっている」と教会を変える人も…。みんな教会成長のために学ぶことには熱心で、忙しくしているけど、クリスチャンが増えるどころかどんどん減っている。今、学びを行動に移す時ではないだろうか…。福音を伝えることは、人を増やすことが目的じゃないかもしれない。でも、聖書はすべての人々に福音を伝えるように言ってる。

　大切なポイントは全世界に出て行くってこと。待っていてばかりでは、現状を維持することさえできないんだ。

　難しいかもしれない。だからこそ、神さまを信じて外に出て福音を伝えよう。

5月

May

日

おはようございます

> 私は身を横たえて眠り また目を覚ます。／**主**が私を支えてくださるから。
>
> [詩篇 3:5]

　おはようございます。これを読んでいるのは、朝、目を覚ましたあなた。ぐっすり休んで、体は休まりましたか？　それとも「もっと寝ていたい…」と思いながら起きたでしょうか。

　質の良い睡眠はとても大切です。なぜなら、体が休まるからです。毎日眠り、朝目覚めることは大きな恵みです。当たり前のことではありません。不安に襲われると寝つきが悪くなったり、ぐっすり眠れず目が覚めてしまったりします。

　あなたは今、何かの不安を抱えていますか？　たとえ、あなたの手に負えないようなことであっても、主の手に負えないことは、ありません。

　主に信頼して祈るなら、平安が与えられます。毎日少しずつ、主に信頼して生きることを覚えましょう。

日

楽しいことから始めよう

> 何を見張るよりも、あなたの心を見守れ。いのちの泉はこれから湧く。
> [箴言 4:23]

　あなたの心が沈んで、何もやる気が出ないなら、遊びみたいなことから始めたっていい。充実感のあることをハシゴしたって悪くない。あなたの心が、わくわくすることが大切なんだ。それは決して「楽しければ良い」という生き方じゃない。

　没頭できる趣味があれば、それをやってもいい。そうすれば、きっとやりたいことが見えてくる。

　神さまとともに、様々なことにチャレンジするなら、無限の資源「神さま」につながり、あなたの力の源となる。いろいろ挑戦すれば、その経験はつながっていく。次のステップ UP の糧になるんだ。これは本当のこと。心の管理はあなたにしかできない。自分の心を見守ろう。

　もし、あなたの心が沈んでいるなら、肩の力を抜いて、神さまとともにわくわくすることを探せばいい。

日

内面の価値

> 人には自分の行いがみな純粋に見える。しかし、**主**は人の霊の値打ちを量られる。
> ［箴言16:2］

　成績、偏差値、受験、第一志望合格、大手企業就職。バズる、フォロワー2万人超え、一軍昇格、祝インフルエンサー。生きていれば、他人と自分を比較するなんて自然のこと。偏差値教育、スクールカーストなんてくだらないと思いつつも、なんとなく気になる。こんなに必死に生きているのに、何となく今やっていることがズレてるような、しっくりこない気持ち。

　でも、そんな自分を振り返る余裕も時間もない。いや、振り返る勇気が出ないんだ。他人との比較では、あなたの価値は永遠にわからない。

　神は、あなたの内面の価値、霊の値打ちを量られる。今あなたが行っていることは、神の前にどれだけ純粋だろうか。大切なことは、あなたが神の前で純粋に生きることなんだ。

監視系クリスチャン

> 「あなたがたに言いますが、義と認められて家に帰ったのは、あのパリサイ人ではなく、この人です。だれでも自分を高くする者は低くされ、自分を低くする者は高くされるのです。」
>
> ［ルカ18:14］

　高ぶる人は、人と比較して、人を批判したりさばいたりしがち。そんな人は、コンプレックスの塊、害悪の元凶、悪臭を放っている。そのような人とは、できるだけ距離を置いたほうが良いかもしれない（笑）。高ぶる人は、頼まれてもないのに裁判官のようになっているから。悔い改めは、自分の罪を認めることで、他者の罪の告発をすることじゃない。

　神さまは、心砕かれ、罪を認める者を喜ばれる。人は自分の正しさで、救われないんだ。だったら、人の間違いをいちいち指摘する必要はないよね。救いは、神さまの恵みとあわれみの十字架。これだけだ。

　だから、あなたは他の誰かではなく、あなた自身がしたことと、しなかったことを、神さまに告白すればいいんじゃないかな。

日

頑張れ!?

> 私たちは、この望みとともに救われたのです。目に見える望みは望みではありません。目で見ているものを、だれが望むでしょうか。私たちはまだ見ていないものを望んでいるのですから、忍耐して待ち望みます。　　　　　[ローマ8:24,25]

　頑張れ! 頑張る! よく聞くこのことば、ボクは嫌いだ。なぜなら、あなたはすでに頑張っているから。確かに、生きていれば頑張ることは必要だ。でも、すでに頑張っている人や、頑張っている自分に使っていないだろうか。私は何もしていない…なんて、自分を責めないでほしい。この世に存在している限り、悩んだり葛藤したり、誰もが毎日戦っている。だから、頑張って! と言うくらいなら、頑張ってるね! と言ったほうが、適切なんじゃないかな。頑張っていれば物事がうまくいくとは限らない。現実はそう甘くない。的確に適切な時に頑張らなければ、頑張った成果が出ない時もある。

　大切なことは、どんな時でも忍耐と希望をもち、一瞬一瞬を生きること。そうすることで、あなたは神の優しさを知る。

日

心配スイッチ

> 主を呼び求める者すべて／まことをもって主を呼び求める者
> すべてに／**主**は近くあられます。　　　　　　　［詩篇145:18］

　あの人にとって大丈夫なことでも、自分にとっては大
丈夫じゃない。ほとんどの人が平気でいられることでも、
自分にとっては大きな問題。説明されたら「当然、その
通り!」と意味は理解できる。でも、全然不安は解消さ
れない。頭の中で同じ問題がぐるぐると巡り、不安から
抜け出せない。いつの間にか緊張していて、他のことに
手がつけられなくなることってありませんか。そんな時は
考えれば考えるほど、心配の渦にハマってしまいます。
おそらく人に相談しても、不安を話題にしているので解
決しないでしょう。

　でも、あなたが心から主を賛美するなら、みことばをしっ
かり握り続けるなら、心が変えられるのです。

　近くにおられる神の存在に、きっとあなたは気づくでしょ
う。

7 日

重荷
·········

> すべて疲れた人、重荷を負っている人はわたしのもとに来なさい。わたしがあなたがたを休ませてあげます。　[マタイ11:28]

　あなたの重荷はなんですか。その重荷は、どのようなものですか。ボクが高校生の頃は心が憂鬱で、何か楽しいことはないかと、目新しいことを探していました。思い返せば、自分の思い描くような高校生活を送れないことが、重荷だったように感じます。学校生活、恋愛、進路などは、学生であれば誰もが充実させたいことです。

　しかし、自分のことばかり考えてしまうと、かえって重荷が増えてしまいます。そして不安や焦りが混ざり、充実したいという願望が、大きな重荷となります。その重荷を心に放置するなら、あなたは疲れ果ててしまうでしょう。不必要な重荷を抱えていては、人は前に進むことができません。大切なことは、日々イエスのところに行くことなのです。

失敗から学ぶ

....

> ダビデはナタンに言った。「私は**主**の前に罪ある者です。」ナタンはダビデに言った。「**主**も、あなたの罪を取り去ってくださった。あなたは死なない。」
>
> [Ⅱサムエル12:13]

　ダビデは大きな失敗をしました。バテ・シェバと姦淫の罪を犯し、その夫である優秀な部下ウリヤを、間接的に殺してしまったのです。ダビデは神を第一とし、誰よりも神を愛し、神に従った王です。しかし、このことは唯一、神を悲しませることになりました。

　人は誰でも失敗をします。失敗をしたことで、後悔し続けて前に進めない。そんなことはありませんか？　神は悔い改めたダビデをあわれみ祝福し、バテ・シェバとの間にソロモンを与えたのです。

　大切なことは、失敗の経験から学んだことを生かし、これからどう歩むかなのです。主は、あなたの罪を取り去ってくださいます。だからこそ、同じことを繰り返すことなく、進んでいきましょう。

9 日

夢って必要なの?

> そして主は、彼を外に連れ出して言われた。「さあ、天を見上げなさい。星を数えられるなら数えなさい。」さらに言われた。「あなたの子孫は、このようになる。」アブラムは主を信じた。それで、それが彼の義と認められた。
>
> [創世 15:5,6]

そんなに夢って必要ですか? て聞かれたら、必要って答える。まず、夢とか希望って、とてもコスパがいい。無償で抱けるし、抱いていると不思議と力が湧いてくる時がある。事実、夢は希望とつながっている。夢と希望があるから、困難を乗り越えられるんだ。

とは言っても、未来なんて誰にもわからない。だからこそ、神さまとともに大きな夢を抱いて生きようよ。

アブラハムは信仰の人。望み得ない時に、いつも神さまの約束に期待した。その希望は失望に終わらず、神さまによって実現されてきたんだ。

あなたが今毎日取り組んでいることは、単調でつまらないことかもしれない。でも、それは将来の土台作りなんだ。時が来ると、その上に美しい建物が完成する時が来るよ。

すべてを導くあなたの神

··

> これは、サラの女奴隷、エジプト人ハガルがアブラハムに産んだ、アブラハムの子イシュマエルの歴史である。
>
> ［創世25:12］

　アブラハムの子イシュマエル。彼は、奴隷から生まれた子として紹介されている。アブラハムとサラは、自分の行いによって神の約束を達成しようとした。その結果、イシュマエルを生んだ。残念ながら、そこには争いと傷しか残らなかった…。神さまの約束を信じていれば、本当はイサクが与えられたんだけどね。

　でも、神さまを信じていても、みこころと反することをやってしまうのが人間。信仰の結果は、つねに多くの人に祝福を与える。欲望の結果は、人にトラブルと苦味を与える。

　もし、神さまがあなたに約束を与えているのだったら、自分の力で達成する必要はないはずだ。神さまが、すべてを導いてくださるから。

日

この世との妥協

> あなたがたは知らないのですか。あなたがたのからだは、あなたがたのうちにおられる、神から受けた聖霊の宮であり、あなたがたはもはや自分自身のものではありません。
>
> [Ⅰコリント6:19]

　私たちの周りには、誘惑が多くあります。この世と妥協しているクリスチャンも、少なくはありません。そんな罪を犯す人を見て、「小さな罪くらい、いいだろう」と思ったことはありませんか。

　コリントの教会には勢いがありましたが、救いに安住して、この世の人顔負けの不道徳な生活を送っていたのです。パウロは彼らに「あなたがたの集まりが、かえって害になっている」と語っています（同11:17）。パウロはコリントの人々の現状を見て、心を痛め、涙を流し、神の道に歩むように、何度も手紙を書き送りました。

　もしあなたに妥協している罪があるなら、神に頼り、そこから離れることができるのです。

　神はそのことを通して、栄光を現してくださいます。

いつものように

> ダニエルは、その文書に署名されたことを知って自分の家に帰った。その屋上の部屋はエルサレムの方角に窓が開いていた。彼は以前からしていたように、日に三度ひざまずき、自分の神の前に祈って感謝をささげていた。 　[ダニエル6:10]

　ダレイオス王は、ほかの大臣や太守よりも、ダニエルを信頼していた。なぜなら、彼のうちにすぐれた霊が宿り、際立って秀でていたから。他の大臣や太守たちは彼を妬み、ダニエルを罠にはめようと悪巧みをする。妬みは、世に蔓延る終わることのない悪。彼らはダニエルが、日々、神に祈りをささげていることを知っていたんだ。そして、ダレイオス王をそそのかし、ダニエルが神に祈りをささげるならば、獅子の穴に投げ込まれる法令を決めさせた。そのことを知ったダニエルは、絶対絶命のピンチを前にしても、いつものように神に感謝の祈りをささげた。ダニエルが大切にしていたものは、自分の立場や、自分の命ではなかった。

　彼が一番大切にしていたものは、神との関係。ダニエルは神に信頼していたんだ。

日

普通ですが何か?

> 神である主は、その土地に、見るからに好ましく、食べるのに良いすべての木を、そして、園の中央にいのちの木を、また善悪の知識の木を生えさせた。　[創世2:9]

　善いことなのか、悪いことなのか、わからない…。心が迷い、決断できなかったことはないだろうか。その理由は何だろう。人に迷惑をかけないため?　それとも、神を悲しませたくないから?　否。その心は、決断を間違うことを恐れているんだ。でも間違う間違わないなんて、心配する必要ない。私たちは赦された罪人。善い決断もすれば、間違うこともある。普通の人間。変に特別感を出そうとするから、ギクシャクする。特別でなきゃいけないわけでもないし、誰かの期待に応える必要もない。人から何か言われたら「普通ですが何か?」って言えばいい。

　園の中央に「いのちの木」があった。とても重要な位置。大切なことは、神のいのちにつながること。神はあなたが、いのちにあふれることを望んでいる。

人に優しく

> <ruby>抱擁<rt>ほうよう</rt></ruby>するのに時があり、抱擁をやめるのに時がある。
>
> [伝道者 3:5]

　幼い頃、不安になったり、いじめられて泣いていたりすると、親に抱っこされたことがあるよね。たとえ親がいなかったとしても、あなたを抱擁する存在がいたと思う。でも大きくなるにつれて、その人と意見が合わなかったり、すれ違ったりして、いつの間にか距離ができたりもする。いつまでも良い関係があればいいけど、家族関係は簡単じゃないよね。

　覚えていてほしいことは、当たり前のように受けていた愛も、いつかは受けられなくなる時が来る。そう、愛すべき人と死別したら、抱擁したくてもできないということ。当たり前のように関わることのできた相手であっても、別れの時は突然くるんだ。

　だから、あなたは人に優しくしよう。

⓯ 日

時を味方につけよう
·····································

> 神のなさることは、すべて時にかなって美しい。神はまた、人
> の心に永遠を与えられた。しかし人は、神が行うみわざの始
> まりから終わりまでを見極めることができない。
>
> [伝道者 3:11]

　何事も、すぐには上手くいかない。中にはやればやる
ほど甲斐なく、空振りに終わることだってある。昔の人だ
って、現代を生きるあなただって変わらない。誰でも、
すぐに結果を知りたい。そんな時、短気を起こしたら
損。なぜなら、物事が上手くいかない間も、神さまは生
きていて、あなたとともにいるからだ。

　だから、必要なのは希望をもって待つこと。力任せに
願望通りに生きるのではなく、心の思いを丁寧にことばに
して祈ろう。神さまのなさることは時にかなって美しいか
ら、時を味方につけよう。そうすれば、進むべき次の一
歩が示される。

　神さまのなさることは不思議で、大胆。一歩ずつしか
見えなくて、苦しいかもしれない。だけど、神さまの助け
は、遅れることはないんだよね（イザヤ46：13参照）。

自分をさばかない

> 私にとって…さばかれたりすることは、非常に小さなことです。それどころか、私は自分で自分をさばくことさえしません。私には、やましいことは少しもありませんが、だからといって、それで義と認められているわけではありません。私をさばく方は主です。 [Ⅰコリント4:3,4]

　パウロは批判されていた。しかし、つねに忠実で心は神から離れなかった。宣教の働きを命懸けで行い、多くの人々を救いに導いたのだ。人の批判を気にしてはいけない。それは終わらない悪であり、間違っている。あなたはただ、あなたを建てあげることばに耳を傾ければいい。あなたが成長し、生き生きとすることばが必要だ。あなたは批判されているのかもしれない。実際一番厳しく批判しているのは、あなた自身ではないだろうか。しばしばあなたの自己評価は厳しすぎる。そんなに自分を責めなくていい。

　「私をさばく方は主」聖書はそう言っている。善し悪しの判断は、神に任せよう。人から何か言われようとも、やましいことがなければ、それで十分。あなたは贖われている。神の宝なのだ。

17 日

どうして怖がるのですか

> イエスは彼らに言われた。「どうして怖がるのですか。まだ信仰がないのですか。」
>
> [マルコ4:40]

イエスさまとともに生きるなら、恐れはない。そう信じている。でも、わかっていても怖がってしまう、そんな弱さが私たちにはあるんだ。

弟子たちは漁師だ。だけど、この嵐は漁師も恐れてしまうほどのものだった。おそらく、怖がらないほうが普通ではなかったんじゃないかな…。突然、想像もできない困難が襲ってきたら、怖がるに決まっているし、神さまも私たちが恐れやすいことを知っている。イエスさまの「まだ信仰がないのですか」ということばは、弟子たちを責めているんじゃないと思う。むしろ「風を叱りつけ、湖に『黙れ、静まれ』と言われ」（同39節）、神さまの権威を見せたんじゃないかな。

もし、あなたの信仰が弱く小さくても大丈夫。イエスさまは権威をもって必ずすべてを治めてくださるから。

日

石は取り除かれる

....

> すると見よ、大きな地震が起こった。主の使いが天から降りて
> 来て石をわきに転がし、その上に座ったからである。
>
> ［マタイ 28:2］

　驚きの連続。墓の石を一体誰が退かしてくれるのだろ
うかと案じながら、イエスの墓へ行く。すると大きな地震
が起こり、天使が舞い降りる。石は脇に転がされ、難な
く心配の種は取り除かれた。

　私たちはいつも石の存在に気を取られる。石があるか
ら、墓に行っても無駄無駄。石があるので、今はやめて
おこう。しかし、信仰生活は神さまの可能性の中に生き
ることであって、自分の限界の範囲内にとどまることじゃ
ない。

　もしあなたが、神さまを信じて一歩踏み出すなら、神
さまによって石は取り除かれる。神さまは、あなたの心
を知っているんだ。だからあなたは恐れることはない。そ
こにとどまることはない。

　むしろ喜びながら進んでいこう。

19 日

ペンテコステ

·····················

> ペテロは十一人とともに立って、声を張り上げ、人々に語り
> かけた。「ユダヤの皆さん、ならびにエルサレムに住むすべて
> の皆さん、あなたがたにこのことを知っていただきたい。私の
> ことばに耳を傾けていただきたい。 …」　　　　　[使徒2:14]

　聖霊が初めて降ったこの時、ペテロは大胆に語った。

　復活したイエスは、前もって「エルサレムを離れない
で、わたしから聞いた父の約束を待ちなさい」と語って
いたのだ。皆が心を一つにして祈っていると、天から突
然、激しい風が吹いて来たような響きが起こり、炎のよ
うな舌が分かれて現れ、一人ひとりの上にとどまった。
聖霊に満たされた者たちは、御霊が語らせるままに、他
国のいろいろなことばで大胆に話し始めたのだ。イエス
の昇天後、ひっそりと集まり祈っていた者たちとは思えな
い。ペテロは人を恐れて、イエスを「知らない」と言っ
てしまう臆病者だったではないか。

　彼らは劇的に変わった。聖霊の力は、臆病な人を勇
敢な人に変える。あなたも熱心に聖霊を求めるなら、同
じものが与えられる。

日

聖霊はあなたとともにいる

この方は真理の御霊です。世はこの方を見ることも知ることもないので、受け入れることができません。あなたがたは、この方を知っています。この方はあなたがたとともにおられ、また、あなたがたのうちにおられるようになるのです。

[ヨハネ14:17]

　聖霊ってなに？　って聞かれたら、あなたはどう答える？　聖霊を簡単に説明すると、神さまなんだ。三位一体って聞いたことがあると思うけど、それは三つの位格が一つであるってこと。その聖霊は、イエスを死者の中からよみがえらせた方の御霊であり、あなたのうちに住んでおられるんだよね。そして、あなたのうちに住んでおられる聖霊は、あなたの死ぬべきからだをも生かしてくださる。つまり聖霊は、死んでも生きる永遠のいのちの道に、あなたを導くってこと。

　神さまは、あなたから決して離れずに、しっかりとつながっていてくださる。神さまはあなたを見捨てない。聖霊は、あなたとともにいる。

　だから、聖霊の導きを大胆に求めて、前進していこう。

21 日

神はあなたの罪を忘れてくださる

> 礼儀に反することをせず、自分の利益を求めず、苛立たず、
> 人がした悪を心に留めず、不正を喜ばずに、真理を喜びます。
>
> ［Ⅰコリント13:5,6］

疲れると過去の失敗や、人から言われた嫌なことを思い出すことはありませんか。バカにされた傷や、犯した罪の記憶は、なかなか消えるものではありません。心の中で「赦します」と言ったとしても、心の底から赦せていないことがあります。人を赦すなんてカッコ悪い、自分を赦すことも簡単じゃない…。目の前の人たちは自分の利益を求め、あなたを傷つけることさえするのだから、なおさらです。神の愛を知らないので、心に余裕がないのだと思います。人間関係で苛立つことがあるかもしれません。

しかし、神はあなたの罪を赦し、忘れてくださいました。人がした悪を心に留めないこと。このことばに歩むなら、あなたの心が健やかに保たれるのです。あなたに注がれた神の愛の深さを、思い出しましょう。

日

暗闇から光に

> 起き上がって自分の足で立ちなさい。わたしがあなたに現れ
> たのは、あなたがわたしを見たことや、わたしがあなたに示そ
> うとしていることについて、あなたを奉仕者、また証人に任命
> するためである。　　　　　　　　　　　　　　[使徒26:16]

　戦争では先ほどまで生きていた人たちが、大人も子ど
ももたくさん死んでいく…。今、世界では悲惨なことが
起きています。必ずしも老人から先に亡くなるのではな
く、たとえ若くても命を失うのです。

　私たちは、いつでも神の前に立つ準備が必要です。
神はパウロを捕らえ、異邦人のところに遣わしました。
そして、彼はアグリッパ王、その妹ベルニケ、フェストゥ
スに福音を伝えたのです。しかし彼らは福音を受け入れ
ず、不道徳と傲慢が混ざり合う生き方を続けたのです。
結局その栄えは短く、地上の富は永遠の財産にはなりま
せんでした。

　福音を伝えることは、私たちの使命です。多くの人が
目を開き、暗闇から光に、サタンの支配から神に立ち返
るため、福音を伝えていきましょう。

23 日

一人でできるもん

> すると、モーセのしゅうとは言った。「あなたがしていることは良くありません。あなたも、あなたとともにいるこの民も、きっと疲れ果ててしまいます。このことは、あなたにとって荷が重すぎるからです。あなたはそれを一人ではできません。」
>
> [出エジプト18:17,18]

　80歳を超えたモーセは、一人で多くのことをやっていた。彼が導いていた人たちの数は、200万人くらいいたと言われている。たとえ同じ民族であったとしても、200万人もいれば問題は絶えない。その問題の解決を、モーセは朝から夕方までやっていたんだ。

　あなたは、誰かの問題の仲裁をしたことってある？　仲裁って、すごい大変。なぜなら、公平な仲裁だったとしても、その結果に納得する人ってほとんどいないし、文句だって言われる。モーセは役割分担をして、負担を軽くしたんだ。

　あなたは、誰かと協力することはできる？　互いに協力するのも、実はとても大変。だけど、それができないと大きな働きはできないんだよね。

　だから、誰かと仲良く協力してみよう。

日

あなたが知恵に欠けているなら

> あなたがたのうちに、知恵に欠けている人がいるなら、その人は、だれにでも惜しみなく、とがめることなく与えてくださる神に求めなさい。そうすれば与えられます。　　　[ヤコブ1:5]

　知識は勉強すれば得られるけど、知恵ってなかなか得られない。知恵とは、知識を正しく運用できる力。これがあれば、今何を優先すればいいのかがわかる。みんな頭が良くなりたいと思うけど、実際は難しい。利口ぶったって、すぐにボロが出るから（笑）。

　聖書は、あなたに知恵が足りないって感じたら、素直に神さまに求めなさいって言っている。神さまが祈りに応えて、いろいろなことを理解する知恵を与えてくれるんだ。

　だから、神さまの知恵を求めてみよう。素直に願うことは、悪いことじゃない。だって、あなたにはわからないことが山ほどあるでしょ。

　あなたが願うなら、神さまはあなたに惜しみなく、知恵を与えてくれるよ。

25 日

人生に意味はある

> 主は私のたましいを生き返らせ／御名のゆえに　私を義の道に導かれます。
>
> ［詩篇23:3］

　生きてはいるけれど無気力な状態、それが「生ける屍（しかばね）」。人はさまざまな理由で「生ける屍」となります。生きる目的やその意味がわからなくなると、無気力になったり、開き直ったりするのです。しかし、どちらに転んでも、解決策は見つからないままでしょう。「人生に意味はない」という人がいます。本当にそうでしょうか。この世界は、多くの意味に満ちあふれているので、ちっぽけな存在の私たち人間には、その意味を理解できないのです。理解できないからといって、生きる意味がなくなったわけではありません。生ける屍からの解決策はただ一つ、「神に立ち返る」ことです。

　もしあなたが素直な心で神に立ち返るなら、神はあなたに新たな力を与え、義の道に導いてくださるのです。

友なるイエス

·························

> わたしが命じることを行うなら、あなたがたはわたしの友です。
>
> [ヨハネ15:14]

　友達って大切。よく「友達いない」って言う人いるけど、本当にそうかな。その人が、友達と認めていないだけで、たくさん友達になれる人っているはず。性格が合う合わないって言うけど、どういう基準で言っているの? ちょっと心を開けば、友達はできるよ。

　イエスは弟子たちを、ご自分の友と呼んだ。イエスが十字架につけられる前なんか、弟子たちはイエスを見捨てたのに…。あなたがイエスを信じるなら、イエスはあなたの友達。神さまは聖書を通して、あなたに語ってくれる。文字なんて読むのが面倒くさいと思うかもしれない。でも人のことばと違って、コロコロ変わらない。永遠の約束なんだ。あなたに語られた神さまのみことばは、真実。しっかりと握っていこう。

27 日

背信の罪を癒やす神

> 背信の子らよ、立ち返れ。わたしがあなたがたの背信を癒やそう。
>
> [エレミヤ 3:22]

　神は真実な愛でイスラエルの民、ユダの民を愛した。それでも、イスラエルの民は何度も背信と裏切りを繰り返した。全身全霊で愛した相手に背かれることは、なんとつらいことだろうか。さばきは本来、私たちが受けるはずだった。しかし、キリストは十字架にかかり、私たちの罪を背負われた。

　神は、私たちの背信の罪を、癒やそうと言ってくださる。神は恵み深い。神は、いつまでも怒ってはいない。

　必要なことはただ一つ、あなたはあなたの咎を認めること。そうするなら、あなたの背信の罪は癒やされ、新しい一歩が踏み出せるんだ。あなたが今生かされていること、それは神の大きなあわれみのゆえ。

　神が喜ばれるのは真実な愛。神を愛して生きよう。

連帯保証人

> わが子よ。もし、あなたが隣人のために保証人となり、他人のために誓約をし、自分の口のことばによって、自分が罠にかかり、自分の口のことばによって、捕らえられたなら、わが子よ、そのときにはすぐにこうして、自分を救い出せ。
>
> [箴言 6:1-3]

　親しいからといって、なんでも人の要望を聞かないほうがいい。中には、あなたとの親しさにつけ込むような人もいるから。そういう人は、あなたのことを理解してるよとか、親友だよとか、家族みたいだねとか言って、近寄ってくる。「隣人の利益につながるんですよ」と、その人から言われても聞かないことだ。結局のところ自分の利益のためにあなたを使い、自分の影響下に置く場合があるからだ。

　だから、できないことはできないと伝え、できる限り大きな損失を受けない範囲内で、無理のない協力をすればいい。親しさだけを考えて、気を遣うあまりすべての要望を聞いてしまうと、結局のところ、その友人さえも失うことになる。

29 日

究極の無責任

．．．．．．．．．．．．．．．．．．．．

> ですから、彼らがあなたがたに言うことはすべて実行し、守りなさい。しかし、彼らの行いをまねてはいけません。彼らは言うだけで実行しないからです。また彼らは、重くて負いきれない荷を束ねて人々の肩に載せるが、それを動かすのに自分は指一本貸そうともしません。　　　　　[マタイ 23:3,4]

　言っておいてやらないのは、無責任。でも、言ったことを人にやらせておいて、自分自身はやらない。これは究極の無責任。こういう人は一見やってる風に見えるけど、注文も多いし、ダメ出しや文句も多い。そんな人は、人のことばかりに気を取られていて、自分のことを棚に上げている、聖書の中に出てくるパリサイ人のようだ。とりあえず、反面教師にしておこう。

　あなたはどうかな。もし、重い荷物を運ぶなら、あなたは重いほうを率先して担ってみよう。そして、相手には重荷ではなく、心地の良いほうを担当してもらおう。それがイエスさま気質。

　大切な仲間と一緒に汗水流してみれば、あなたは大きく成長できるよ。さあ、やってみよう。

勇気を出しなさい

> これらのことをあなたがたに話したのは、あなたがたがわたしにあって平安を得るためです。世にあっては苦難があります。しかし、勇気を出しなさい。わたしはすでに世に勝ちました。
>
> ［ヨハネ16:33］

　難しいことであっても、簡単なことであっても、必ずうまくいくとは限らない。ハプニングはつきものだし、想定外のことなどいくらでも起こる。そんなことを考えていると、チャレンジする前に何もできなくなってしまう。せっかくイエスさまがすべてを勝ち取ってくださったのに、恐れて一歩も踏み出せないのはもったいない。そんなのは、さばきを恐れる罪人と同じだ。

　たとえあなたが気弱でも、ネガティブな性格をしていてもいい。きっと、その性格は神さまがあなたに与えた強みなんだ。だから、弱さも未熟さも抱えながら、勇気を出して示された道に一歩踏み出そう。

　そうすれば、世に勝ったイエスの平安があなたにも与えられるよ。

31 日

成長させてくださる神

> 私が植えて、アポロが水を注ぎました。しかし、成長させたの
> は神です。ですから、大切なのは、植える者でも水を注ぐ者で
> もなく、成長させてくださる神です。　　　［Ⅰコリント3:6,7］

　人が土に種を埋めて、水を注ぐ。しばらくすると芽が
出て、その木は成長し、実を実らせる。水と土がなけれ
ば種は成長しない。そのどちらも、人には造ることができ
ない。人がいくら木を大きくしようとしても、枝を伸ばす
ことも縮めることもできないんだ。

　確かに人の手があったほうが、多くの実りが期待でき
るだろう。しかし、成長は神さまによって与えられる。も
し人が成長した木を見るなら「私こそ育ての親だ」と思
い、黙ってはいられない。水も土も静かに種の成長を見
守っているのにね。

　大切なことは、水でも土でも無論人でもない。そのす
べてを創造された方と、ともにいること。あなたを成長さ
せてくださる方と、あなたがずっと一緒にいられるように
祈ります。

6月

June

①日

えっ、赦されない罪があるの?

> ですから、わたしはあなたがたに言います。人はどんな罪も冒瀆も赦していただけますが、御霊に対する冒瀆は赦されません。
>
> [マタイ12:31]

「御霊に対する冒瀆は赦されません」と聞いて、「赦されない罪があるの!?」と驚いたでしょう。しかし、恐れる必要はありません。文脈から考えると、パリサイ人たちがイエスの行う業を見て、「悪霊の働きだ!」と非難したのです。「御霊に対する冒瀆」とは、神の働きと知っていながら、それを認めず、「悪霊の働きだ!」と冒瀆することです。神を知りながら、神の働きを否定することは、神を認めない頑なな罪なのです。

御霊の働きは不思議です。私たちはこれから、信じられないような奇跡を見たり聞いたりするかもしれません。その時は、「悪霊だ!」と早とちりせず、イエスのことばに集中していきましょう。御霊がイエスを証しするのです。あなたがイエスに留まるなら、御霊を冒瀆することはありません。

すべての道で

....

> 心を尽くして**主**に拠り頼め。自分の悟りに頼るな。あなたの行く道すべてにおいて、主を知れ。主があなたの進む道をまっすぐにされる。
>
> [箴言 3:5,6]

　主に信頼すること、それは神の約束に確信を置くこと。本当の安心はそこから来る。いくら自分に頼ったところで、何の保証もない。そもそも、人は神から保証される立場であって、何かを保証することはできない。「あの人はまだ足りないなぁ」なんて思い始めたら、自分の悟りに頼っている証拠。もう「わかっている」ではなく、もっと「教えてください」と、あなたが行く道すべてにおいて、神のことばを探求することが大切。

　生きていれば、山あり谷ありは当たり前。もし今上手くいっていないことがあるなら、その分、神の力を信じて、心を尽くして主に拠り頼むことができる。そうすれば複雑に絡み合った問題も、するすると解けていく。あなたは今いるところで、主に信頼することができるんだ。

日

男女同権

> 妻たちよ。主に従うように、自分の夫に従いなさい。キリスト
> が教会のかしらであり、ご自分がそのからだの救い主であるよ
> うに、夫は妻のかしらなのです。　　　　　[エペソ 5:22,23]

　男女同権は大切な考えだと思う。でも夫婦関係は、権利を主張し合ってもうまくはいかない。平等であることが、権利を主張し合うことにはならないだろう。適材適所ということばがある。それは適性や能力に応じて、人を適切なポジションに置くことだ。

　神は、人を男と女に創造され、夫は妻のかしらに置いた。

　夫がかしらだから、夫は妻より優れているだなんて、勘違いも甚だしい。そもそも、人に優劣をつけること自体が間違っている。役割の違いがあるだけで、私たちは神の子であることには変わりはない。

　あなたが結婚する時、今日のみことばの原則を実行するなら、神があなたを祝福される。

日

「マナ」中心の生活

> だが今や、私たちの喉はからからだ。全く何もなく、ただ、このマナを見るだけだ。
>
> [民数11:6]

　「肉が食べたい！」と大の大人が、泣き叫ぶ姿を見たことはありますか。そんな情けない姿を見たなら、笑ってしまうかもしれません。彼らは、毎日の単調な食生活に不満がありました。エジプトの奴隷状態から解放され喜んでいましたが、毎日神が与える食物「マナ」に飽きてしまったのです。「すいかも、玉ねぎも、にんにくも食べた〜い!!」ここには何もない。「マナ」だけだ、と不平を言いました。食生活が「マナ」中心だったのは、神から与えられる糧のみで、生かされていることを体感する訓練だったのです。

　日々、神のことばに生きる生活は、単調に思える時もあるでしょう。しかし、他のものに解決を求めると、不平不満が出るのです。日々「マナ」を求めましょう。そうすれば、感謝のことばがでてきます。

5 日

天の御国が近づいたから

> そのころバプテスマのヨハネが現れ、ユダヤの荒野で教えを宣べ伝えて、「悔い改めなさい。天の御国が近づいたから」と言った。
>
> [マタイ 3:1,2]

　キリストが公に現れる直前に、バプテスマのヨハネは荒野で、悔い改めのバプテスマを水で授けていました。「悔い改め」とは、思いを変え、神に立ち返ることであり、「天の御国」とは、神の完全な支配があるところです。ヨハネの宣教は「罪を捨て、神の支配に入れ」と言っています。このことを自分の力で実行することは、いかに難しいことでしょうか。たとえ、できたつもりになっていたとしても、それは表面上のことなのです。

　私たちが心の底から変えられるためには、水のバプテスマだけでは足りません。「聖霊と火」でバプテスマを授けられる、キリストが必要なのです。

　もしあなたがキリストに求めるなら、さらに悔い改めにふさわしい実を結ぶのです。

新鮮な関係

> ああ、愚かなガラテヤ人。十字架につけられたイエス・キリストが、目の前に描き出されたというのに、だれがあなたがたを惑わしたのですか。　[ガラテヤ3:1]

今のあなたにとって、十字架の救いは新鮮ですか。悩んでいた時に、みことばが与えられ、心に光が差し込んだこと。罪悪感に悩まされ祈り、罪を告白した時、平安が与えられたこと。不安の中にいた時、力と励ましが与えられたこと。そんな出来事がたくさんあったと思います。今の困難。将来の不安。傷ついた自分に囚われてはいませんか。うなだれ神に背を向けることに、時間を費やしてはいけません。

そんな時は、神が働かれた記憶を思い出してみましょう。神は今も生きておられるのです。必ず神は、あなたを導き、さらなる主の栄光を見させてくださいます。

大切なことは、心の態度、そして新鮮な神との交わりなのです。神はあなたを待ち望んでいるのですから、失望せずに神の前にいきましょう。

7 日

初めにことばがあった

> 初めにことばがあった。ことばは神とともにあった。ことばは神であった。
>
> [ヨハネ1:1]

ことばって大切。心の思いを、相手に伝えることができる。「言わなくてもわかるでしょ」って思うかもしれない。だけど「ありがとう」「ごめんね」と、ことばに出して伝えることで、相手に勇気や元気を与えることがあるんだ。人は様々な種類のことばによって、立ち上がることも倒れることもある。

神はこの世界をことばによって創造した。神のことばは人となって、私たちのところに来られた。キリストは神のことばそのもの。神のことばには力がある。神に似せて造られた私たちのことばにも、力があることを覚えてほしい。

あなたのことばは、キリストに倣うものだろうか。もし、あなたが神のことばに倣うなら、多くの人を元気づけるだろう。

御顔があなたの上で照り輝く時

　いいことなのか悪いことなのかわからない。人は、いろいろな感情を心に秘めながら生きている。人を助けたり、人と争ったり、人のために尽くしたり。しかし人に尽くしているようでも、結局のところ自分のためだったりする。完全に純粋な人も、すべてが悪い人もいない。でも神さまは、そのすべての人たちに愛とあわれみを注いでいる。

　もしあなたが正しさを求めて生きるなら、自身の不誠実さが突きつけられ、その生き方にはつねに苦しみが伴うだろう。その時必要なことは、目には見えない方に心を注ぐこと。そうすれば神さまは、目に見える以上の確かさをもってあなたを導かれる。だから神さまを心から慕っていこう。その時、御顔はあなたの上に照り輝き、神さまの愛とあわれみで満たしてくださる。

⑨ 日

何もできないなんて思わないで

> 「あなたの隣人を自分自身のように愛しなさい」という第二の
> 戒めも、それと同じように重要です。　　　　　[マタイ22:39]

　隣人を愛するには、まず自分自身を愛する必要がある。中には、隣人は愛せるけど、自分を愛するのはちょっと…と思う人がいるかもしれない。おそらく、あなたの心の中にある劣等感、それが邪魔して自分を受け入れられないようにしているんだと思う。それでは今抱えている劣等感がなくなったら、自分のすべてを受け入れられる? そういうわけでもないんだよね。

　と言うのも、あなたが前を向いて歩く限り、チャレンジは続くから。何かにチャレンジしている時、自分の弱さや欠点が見えてくるのは自然なこと。

　でも、いつの間にかそればっかりに目がいって、自分は何もできない…なんて思わないでほしい。神は不完全なあなたを愛している。そんなあなたを用いてくださるんだ。

聖霊の満たし

> 彼らに「信じたとき、聖霊を受けましたか」と尋ねると、彼らは「いいえ、聖霊がおられるのかどうか、聞いたこともありません」と答えた。「それでは、どのようなバプテスマを受けたのですか」と尋ねると、彼らは「ヨハネのバプテスマです」と答えた。
>
> [使徒19:2,3]

　ヨハネのバプテスマは、水で罪を洗い聖める悔い改めのバプテスマです。しかし、イエスは、聖霊と火とのバプテスマを授けます。今日の聖句を見ると、聖霊を受けたか受けていないかが、はっきりとわかります。あなたは「聖霊を受けただろうか…」と不安になる必要はありません。もしイエスを主と告白できるなら、確かにあなたの内には聖霊がおられます（Ⅰコリント12:3）。

　ただし、満たされているかどうかは、個人差があるでしょう。川のように流れ出てこそ満たされています（ヨハネ7:38）。ある人は聖霊の働きと言いながら、濁った水を出しているかもしれません。

　あなたはどうでしょうか。あなたが日々聖霊の満たしを求めるなら、あなたから人を活かす、活ける水の川が流れ出るのです。

⑪ 日

婚約時代の愛

> 次のような**主**のことばが私にあった。「さあ、行ってエルサレムの人々に宣言せよ。『**主**はこう言われる。わたしは、あなたの若いころの真実の愛、婚約時代の愛、種も蒔かれていなかった地、荒野でのわたしへの従順を覚えている。
>
> [エレミヤ 2:1,2]

神はかつてイスラエルの民が、真実な愛で、神を愛していたことを覚えている。しかし、その愛の関係は長くは続かなかった。彼らは神を裏切り、空しいものに従っていったのだ。神を愛することは、自発的に相手を愛し続ける夫婦の愛に似ている。

人が変わらない愛で、神を愛し続けることは簡単ではないだろう。なぜなら、私たちの心は呆れるほど誘惑に弱く、頑なで誰の言うことも聞かないところがあるからだ。試練や誘惑にあう時、あなたはそれとどう向き合うのか。真実に生きることが難しい世の中で、真実な神と向き合うことも簡単ではない。

たとえ荒野のような現代であっても、それでも率先して神を愛するなら、あなたは神の真実な愛、婚約時代の愛を経験するだろう。

少しでも期待をして

> 同じように御霊（みたま）も、弱い私たちを助けてくださいます。私たちは、何をどう祈ったらよいか分からないのですが、御霊ご自身が、ことばにならないうめきをもって、とりなしてくださるのです。
>
> [ローマ8:26]

　試練が大きくて、苦しみが胸でつっかえて、祈りのことばが出ないことってありませんか。苦しみに合う時、自分一人だけが、取り残されているような気持ちになるかもしれません。

　でも心配しないで。あなたが感じている、苦しみや孤独、寂しさを多くの人も経験しているから。そして神さまは、「祈りたいけど祈れない」「信じたいのに疑ってしまう」そんな弱さを、私たちがもっていることをご存じです。

　だから、あなたが祈れなくても、自分を責めないでほしい。なぜなら、あなたの弱さを神さまが、とりなしてくださるから。不安に飲み込まれないよう、少しでも期待をして、とりなしてくださる御霊に身を任せればいい。そう、思います。

13 日

黙るのも一つの答え

> サウルもギブアの自分の家へ帰って行った。神に心を動かされた勇者たちは、彼について行った。しかし、よこしまな者たちは、「こいつがどうしてわれわれを救えるのか」と言って軽蔑し、彼に贈り物を持って来なかった。しかし彼は黙っていた。
>
> [Ⅰサムエル10:26,27]

　黙っているって大切。なぜなら、すべての問いにあなたが答える必要はないから。ことに、よこしまな者たちのことばや態度。言い換えるなら、批判や嫌味、冷ややかなコメント、皮肉。さばいてくる人のことばは、基本的に無視しよう。その人は、自分のことを棚に上げて、人のことばかりつついては、忙しくしているだけだから。あなたの力は、神さまのために、弱っている人のために使えばいい。

　サウルが神さまから王に選ばれた時、よこしまな者たちは彼を蔑んだ。彼の長身で美しい容姿に嫉妬したのだろうが、サウルはよこしまな者たちには反応しなかったんだ。人を受け入れたり、認めたりできないのは傲慢な証拠。そんな、よこしまな人たちには、無言の返答で答えよう。

とりあえず今は喜ぼう

....

> いつも喜んでいなさい。絶えず祈りなさい。すべてのことにおいて感謝しなさい。これが、キリスト・イエスにあって神があなたがたに望んでおられることです。
>
> [Ⅰ テサロニケ 5:16-18]

とりあえず今は喜ぼう。決して、投げやりなことを言っているんじゃないよ。今を喜ばなきゃ、明日も喜べない。生きるって、今この瞬間のことなんだ。だから「今」喜んでいれば、明日も喜び楽しんでいる。喜べないことを思い起こしたなら、それをいったん横に置いて、無視してでも喜ぼう。

もし、あなたがどんな時でも、喜びを見出していくなら、多くの人が励まされるんだ。そればかりか楽しみも生まれてくる。逆にあなたが喜びもなく、難しい顔をしているなら、周りの人も鬱々としてしまう。

あなたには神さまがいる。喜び楽しまない理由はない。深刻になって思い詰めずに、素直に笑って、話して、遊んで、学び、今この瞬間を喜んでいよう。

15 日

ただ、信ぜよ

....

> 神を愛する人たち、すなわち、神のご計画にしたがって召された人たちのためには、すべてのことがともに働いて益となることを、私たちは知っています。　　　　　[ローマ8:28]

　大きな幸せ、小さな幸せ。大きな失敗、小さな失敗。良いことなのか、悪いことなのかもわからない。そんな経験をたくさんしていこう。その時、あなたは笑ったり、泣いたり、時には苦しむこともあるかもしれない。でも、そんな経験をたくさんしていこう。ある日、その一つひとつの思い出がムクっと立ち上がり、動きだす。

　もし、あなたが神さまを愛し続けるなら、点と点がつながって線になり、大きな祝福をもってやってくる。今は祝福がわからなくても大丈夫。神さまがすべてご存じなんだ。

　あなたは、神さまを愛し続ける人生の未来に、神さまが大きなことを成し遂げてくださることを、ただ信じていよう。

16 日

父の日
··············

> あなたの父と母を敬え。あなたの神、**主**が与えようとしている
> その土地で、あなたの日々が長く続くようにするためである。
>
> ［出エジプト 20:12］

　父の日って、母の日と比べると、何かおまけ的にある日って感じ（笑）。実際、父親も母親も大切なのはみんな知っている。いろんな親がいるけど、あなたが今いるのは、父親と母親がいたからだ。

　聖書は、父と母を敬えと言っている。これは、親しい人を大切にすることにつながると思う。だって、両親がいない人もいるでしょ。親しい人とは、いつもあなたに良くしてくれる人のこと。

　気をつけていないと、良くしてくれることが当たり前になってしまって、その人を喜ばせることを忘れてしまう。

　もし、そんな人があなたのそばにいるなら、その人のことを喜ばせてみよう。

17 日

古い人、新しい人

その教えとは、あなたがたの以前の生活について言えば、人を欺く情欲によって腐敗していく古い人を、あなたがたが脱ぎ捨てること、また、あなたがたが霊と心において新しくされ続け、真理に基づく義と聖をもって、神にかたどり造られた新しい人を着ることでした。　　　　[エペソ 4:22-24]

　古い人とは、罪の奴隷状態にある人のこと。新しい人である私たちは、古い人の習慣や癖は覚えているけれど、そこから解放されている。古い人の性質に死んでいるから「人を欺く情欲」を脱ぎ捨てることができるんだ。私たちの心は神にかたどり造られた新しい人。新しい人は、神と親しく関わることができる。その関わりは「真理に基づく義と聖」。新しい人と古い人の性質は正反対、だからお互いに関係をもたない。

　だけど、古い人はあなたの弱点を知っていて、声をかけてくるだろう。そんな時は、誘惑に負けてしまう自分を責めなくていい。むしろ親しい関係を与えてくださった、神に頼ればいい。

　もう、あなたは罪に支配されていない、新しい人なんだ。

試練に耐え抜く秘けつ

> 試練に耐える人は幸いです。耐え抜いた人は、神を愛する者たちに約束された、いのちの冠を受けるからです。
>
> ［ヤコブ1:12］

　試練に耐え抜くことが大切。それは誰もが知っているけど、なかなか難しい。ずーっと試練に耐えていると、心が病むことだってある。結局、みんな頑張って試練に耐えても、幸いなことなんて一つもないって感じている。そこで、どうやって試練に耐え抜くのかが、大切なポイントになってくるんだ。

　それは、神さまを愛すること。あなたが試練の中で、神さまと一緒にいたいって思うなら、祝福されるよ。その祝福に、すぐには気づかないかもしれない。だからといって、神さまを愛することをやめることは、お勧めできない。だって、すべての人に試練を与えるのは神さまだから。だとするなら、あなたは神さまとともに試練を乗り越えよう。神さまを愛することが、試練を耐え抜く秘けつなんだ。

19 日

道は開ける

> そのとき、カレブがモーセの前で、民を静めて言った。「私たちはぜひとも上って行って、そこを占領しましょう。必ず打ち勝つことができます。」しかし、彼と一緒に上って行った者たちは言った。「あの民のところには攻め上れない。あの民は私たちより強い。」
>
> [民数13:30,31]

　主に完全に従う人は、神さまがともにおられることを疑いません。そして、必ず勝つことができると確信しています。カレブにとって、アナク人の背の高さも、味方の怖気づく態度も、負けの理由にはなりませんでした。ただ彼はつねに「主はともにおられる」「主がいつもともにおられるなら、必ず勝つことができる」このような単純で大胆な信仰に立っていたのです。

　私たちの周りで起こることは、複雑でややこしいことばかりでしょう。しかし、あなたがいかに複雑な状況に置かれようとも、カレブのように「私は神がともにおられることを信じます」「神はわたしとともにおられるので、すべてを解決してくださる」と信じるなら、必ず道は開けるのです。

たとえ間違ったとしても

······························

> サムエルは民に言った。「恐れてはならない。あなたがたは、このすべての悪を行った。しかし主に従う道から外れず、心を尽くして主に仕えなさい。」
> [Ⅰサムエル12:20]

　イスラエルの民が、神に従うより王を与えてほしいと願った時、指導者サムエルの気持ちはどうだっただろう。今まで神さまに仕え、人にも仕えてきた。老年になるまで、ずっと民の先頭に立ってきたんだ。でも、そんなことはおかまいなし。自分のことしか考えていない人たちにとっては、サムエルの貢献はなかったも同然。彼らは、神さまに頼るより、人間の王に頼ったほうが良いって考えたんだ。でもこれは、大きな間違いだった。サウル王、ダビデ王、ソロモン王くらいまでは、ギリギリよかったけど、その後の王たちには、ミスリードが多く見られるからだ。

　本当に頼るべきは、神さま。失敗や間違いは誰にでもある。大切なことは、すべてを超えて神さまに仕えることなんだよね。

21 日

のんびり歩けばいいじゃない

> 罪人を迷いの道から連れ戻す人は、罪人のたましいを死から救い出し、また多くの罪をおおうことになるのだと、知るべきです。　　　　　　　　　　　　　　　　[ヤコブ5:20]

　人の流れに沿って歩いていたら、方向を間違えてしまって、弾き出されたことってある？　そんな時、また戻ろうと思っても、なかなか人の流れに入ることができないんだよね。間違いなんて誰にでもあるはずなのに、一度道を踏み外すと、二度と同じ道を歩けないことさえある。モーセだって、ダビデだって、パウロだって、大きな失敗をした。

　でも、神さまは彼らを赦したんだ。それなのに、隣人のことばかり責める人がいるのは、とっても残念。みんな歩くペースは違う。ある人は、のんびり歩けばいいし、もし間違ってしまったら、やり直せばいいじゃない。

　神さまは、あなたをいつでも待っている。急ぐ人のことは横に置いて、あなたは神さまとのんびり歩こう。

日

求めていいんだよ

....

あなたがたは、欲しても自分のものにならないと、人殺しをします。熱望しても手に入れることができないと、争ったり戦ったりします。自分のものにならないのは、あなたがたが求めないからです。

[ヤコブ4:2]

「こんな祈り…祈っていいのかな」「きっと聞かれないだろうなぁ」なんて思う前に、あなたはもっと素直に大胆に、神さまに求めることができる。人の祝福を見て羨ましがったり、ましてや嫉妬する必要なんて全くないよ。もしそうなら、時間がもったいない。今すぐに、一番の願いを祈ってみよう。嫉妬するのは、一つのパイをみなで食べるようなもの。

　小さい祝福を、奪い合う必要なんてある？　人が祝福されたって、あなたの祝福が減るわけじゃないんだ。むしろ、あなたは神さまに大きな祝福を求めればいい。神さまはあなたの声を、一番聞きたい方だから。

　もしあなたが神さまに祈るなら、神さまは、あなたが祝福を受け取れるように、心を整えてくださる。

23 日

すべての苦しみは、産みの苦しみ

> そして彼らと食卓に着くと、イエスはパンを取って神をほめた
> たえ、裂いて彼らに渡された。すると彼らの目が開かれ、イエ
> スだと分かったが、その姿は見えなくなった。　[ルカ24:30,31]

　大きな恵みを受ける前に、大きな苦しみを伴うことがあ
る。どうしよう、なんだかなぁ…ひとりとぼとぼと歩く、そ
んな時。イエスさまご自身が近づいてきても、気づけな
い時がある。喪失、失望、絶望、虚無感。それらすべ
てを味わい、たとえ窮地に置かれたとしても、神さまの
助けがある。

　何を失おうとも、神さまはすべてのことを通してあなた
を導く。それらの経験により、あなたは弱っている人や
道を外れてしまった人に、心から寄り添えるんだ。あな
たは何かを失うようで、かえって大きな祝福が与えられ
る。あなたは今、困惑しているかもしれない。しかし、
苦しみを通った後に、神さまはあなたに栄光を現す。そ
の時あなたは、イエスさまがともにいることを知るだろう。

約束を喜び迎える者

> この幻は、定めの時について証言し、終わりについて告げ、
> 偽ってはいない。もし遅くなっても、それを待て。必ず来る。
> 遅れることはない。　　　　　　　　　　　　　[ハバクク2:3]

　ハバククという名前の意味は「喜び迎える」。ユダ王
国が悪化の一途をたどっている中で、彼は、主の約束を
信じて喜び迎えたんだ。バビロン軍の侵略する速さは凄
まじかった。ハバククは、「確かにユダ王国は神さまに対
して悪いことをした。しかしなぜ、それをさばくのに暴虐
なバビロンを用いられるのか?」と葛藤する。神さまの働
き、そのご計画はあまりにも深く、人知を超えている。
人にはそのすべてを理解することができない。でも、たと
え理解できなかったとしても、神さまに信頼することを神
さまは喜ばれる。

　あなたの葛藤、絶望。神さまはすべてご存じなんだ。
あなたに与えられた、神さまのことばは生きている。約
束の到来を、喜び迎えていこう。

25 日

神の価値観

> あなた自身の水溜めから水を飲め。流れ出る水を、あなた自身の井戸から。あなたの泉を外に散らし、広場を水路にしてよいものか。　　　　　　　　　　　　　　　[箴言 5:15,16]

　この箇所は結婚生活の比喩的表現。夫は妻を愛し、妻は夫を愛する。二人の愛は変わらない。二人はずっと一緒。なぜなら、愛を変えない決断をしたから。そのことを神は喜んでくださる。

　この世界は不倫や浮気が当たり前。うんざりするほど見聞きしている。欲望は、満たせば渇きが増す。結婚を祝福した人たちは悲しんでいる。もし、子どもがいたら傷ついている。みんな心の底では知っているのに、一時の寂しさ、孤独に負けていく。

　あなたには覚えておいてほしい。人の不幸の上には幸せは成り立たないことを。裏切られても、裏切らないことを。どんなことでも、夫婦が向き合うなら越えられない壁はないことを。何よりも、神を第一に求めることを。そうすれば、二人の最善の愛は変わらない。

26 日

主はあなたの味方
·····································

主は私の味方　私を助ける方。／私は　私を憎む者をものともしない。／**主**に身を避けることは／人に信頼するよりも良い。

[詩篇118:7,8]

　人って、願ったようには見てくれない。覚えていてほしいことは忘れていたり、忘れてほしいことは覚えていたり。その上、好かれていたと思ったら、憎んでくる。自分の味方は一体どこにいるんだろう…と思ってしまうこともある。実際いつでも味方！　なんて人が、一人でもいれば奇跡。でも、その人もいつも一緒とは限らない。人の力には限界があるからね。

　でも、あなたは心配しなくていい。神さまが味方。神さまが一番の味方だって知る時に、本当の味方が見つかったりするんだ。

　あなたを憎む人のことは忘れて、神さまに心を向けていこう。

㉗ 日

神はあなたを捨てない

> 見よ。わたしはあなたとともにいて、あなたがどこへ行っても、
> あなたを守り、あなたをこの地に連れ帰る。わたしは、あなた
> に約束したことを成し遂げるまで、決してあなたを捨てない。
>
> [創世 28:15]

ヤコブは父と兄を騙し、兄エサウが受けるはずだった
長子の権利を奪い取りました。それゆえ、エサウは怒
り、ヤコブを殺そうとしたのです。ヤコブはそんな兄を恐
れ、逃げ出します。ヤコブは人を騙すという失敗をしまし
た。しかし、彼は神を求めたのです。すなわち神は、ヤ
コブを愛し祝福しました。

人は失敗からしか、学べないのかもしれません。たと
えあなたが立派な人間でなくても、神を求めるなら、そ
れで十分。あなたが失敗を認め、神を求め続けるなら、
神はあなたをあわれんでくださいます。

神は、約束したことを成し遂げるまで、決してあなた
を捨てません。大切なことは、失敗しても神を求め続け
る信仰なのです。

新しいぶどう酒は、新しい皮袋に

> 新しいぶどう酒は、新しい皮袋に入れなければなりません。
>
> ［ルカ5:38］

　福音は変わらない。イエスが十字架で、私たちの罪のために死んでくださった。そして、死を打ち破られたんだ。でも、人も時代も変わる。価値観も大きく変わっていく。「新しいぶどう酒は、新しい皮袋に」このみことばは、あなたが置かれた場所で、あなた自身が考えること。

　イエスは、当時の常識を覆す。イエスは、罪人と呼ばれる人たちと食事をした。当然、保守的な人たちからは、さばかれる。

　あなたは古い常識や習慣が、あたかも絶対的な真理であると勘違いしないように。完璧な人生、間違いのない立ち振る舞いなんてない。だからこそ、あなたは神さまとともに生きよう。真理である神さまに近づくこと、それをすればいいんだ。

㉙ 日

ことばにならないうめき

....

> 同じように御霊（みたま）も、弱い私たちを助けてくださいます。私たちは、何をどう祈ったらよいか分からないのですが、御霊ご自身が、ことばにならないうめきをもって、とりなしてくださるのです。
>
> ［ローマ8:26］

　苦しさ、悲しさ。孤独、不安。そんな気持ちの一つも、整理できないことがある。ことばでは言い表せない想い。もしあなたに、そんな想いがあるなら、聖霊があなたのために、うめきをもって祈っている。

　共有、共感、そんな意味のことばじゃない。聖霊はあなたのために、うめいているんだ。あなたの心を探る方は、あなたの願い、あなたの心を深く探ってくださる。

　だからはばかることなく、あなたの気持ちを神さまに祈っていこう。すべてのことは、ともに働いて益となる。

　神さまの方法で、すべてのことを治めてくださるんだ。

力を帯びさせる神

··

> わたしが主である。ほかにはいない。わたしのほかに神はいない。あなたはわたしを知らないが、わたしはあなたに力を帯びさせる。それは、日の昇る方からも西からも、わたしのほかには、だれもいないことを、人々が知るためだ。わたしが主である。ほかにはいない。
>
> [イザヤ45:5,6]

　信仰は、見えないものを「ある」って信じること。例えば友情って見えないけど、あるでしょ。もし、根拠探しなんてしようものなら、相手を疑うばかりで友情は成り立たない。

　神さまって、目に見えないし触れることはできない。だけど、いないって言ったり、疑ったりすることは行き過ぎ。そんなことするから、神さまがいるのか、いないのかがわからなくなる。

　聖書は、神さまがいることを前提として語られている。だから「いるか・いないか」なんて説明していない。

　何より神さまに生かされているから、あなたがいるんだ。神さまは、あなたとともにいる未来を喜ばれる。

　そして、力を帯びさせてくださる方なんだ。

7 月

July

① 日

満たされてこそ、与えられる

> 主イエスご自身が『受けるよりも与えるほうが幸いである』と言われたみことばを、覚えているべきだということを、私はあらゆることを通してあなたがたに示してきたのです。」
>
> [使徒 20:35]

「わたしのっ!」。3歳になる娘の両手には、頂き物の高価なクッキーが握られていた。「はい。返して!」というボクの呼びかけに、「やだ」と笑顔で即答。このままではクッキーが粉々にされてしまう…取り上げることもできたのだが、知恵が与えられ、すべてのクッキーを娘に渡すことにする。娘は満足したらしく満面の笑み。

そこで「それちょうだい」と聞いてみると、今度は一つずつ差出し、ついにはすべてのクッキーが娘の手から解放されたのだ。

人は満たされてこそ、与えることができる。私たちには、すでに多くの恵みが与えられている。

あなたに注がれている祝福は、あふれているのだ。日々、恵みを数えよう。そうすれば、あなたは枯渇することはない。あなたの必要は、すべて与えられている。

思ってたんと違う!

> ある夜、主は幻によってパウロに言われた。「恐れないで、語り続けなさい。黙ってはいけない。わたしがあなたとともにいるので、あなたを襲って危害を加える者はいない。この町には、わたしの民がたくさんいるのだから。」
>
> [使徒18:9,10]

　思ってたんと違う! そんなことはありませんか。礼拝でみことばを聞き、伝道のチャレンジを受けて、行動に移す。迫害や否定など、いろいろなことを想定したけど、結局何の迫害も受けない。むしろ福音を語った相手からは、「ありがとう、また聞くね」と全肯定っぽい全スルー。一大決心したのに、燃え立った信仰の実は何もない。パウロも同じだった。宣教活動は思うようには進まず、彼は弱く恐れていた。

　伝道は確かに難しい。上手くいかないなんて、当たり前なんだ。

　そんな時は、思い出してほしい。主は「恐れないで、諦めてはいけない」そう言って、あなたを励ましていることを。主は、あなたに福音をこれからも届けてほしいと願われているよ。

③ 日

あなたの信じたとおりになるように

> それからイエスは百人隊長に言われた。「行きなさい。あなたの信じたとおりになるように。」すると、ちょうどそのとき、そのしもべは癒やされた。　　　　　　　　　　［マタイ8:13］

　信仰は能動的です。神に積極的に訴えかけます。百人隊長はイエスのことばをいただければ、しもべが癒やされることを確信していました。イエスは百人隊長の信仰に感心し、「あなたの信じた通りになるように」と言われたのです。

　厳しい現状を突きつけられる時、私たちはうろたえ不満を抱きます。しかしイエスは、「私に何をしてほしいのか」と私たちに問いかけるのです。たとえ現状が厳しくても、希望を捨てる必要はありません。なぜなら、信仰者は絶望とは無縁だからです。

　百人隊長の信じたとおり、しもべは癒やされました。あなたが心から願うなら、神はそのことを受け入れ、賛同してくださいます。「あなたの信じた通りになるように」と神ご自身も願われているのです。

日

ナザレのイエス・キリスト

> ペテロは、ヨハネとともにその人を見つめて、「私たちを見なさい」と言った。彼は何かもらえると期待して、二人に目を注いだ。すると、ペテロは言った。「金銀は私にはない。しかし、私にあるものをあげよう。ナザレのイエス・キリストの名によって立ち上がり、歩きなさい。」
>
> [使徒3:4-6]

　この人は、やった! お金がもらえる! そう思った。すかさず目を注ぐと、浅黒い顔が二つ…。いかにも貧乏そうなペテロとヨハネは、堂々とお金がないことを宣言（笑）。この人に必要だったものは金銭じゃなかった。たとえ金銭を得ても、私たちは満たされない。それどころか、最高の彼氏、彼女を得て、幸せな家庭を築いたとしても、そうだろう。時が経てば財産も消え、人の愛もすべて形が変わる、人のもので変わらないものはない。誰もが求めているものは、永遠に変わらないもの。ペテロとヨハネはそれをもっていた。

　あなたが今日、神の愛を求めるなら、金銀のない二人がもっているもので満たされる。必要なのはキリストの愛。ナザレのイエスの名によって歩いて行こう。

5 日

耐えるということ

> それだけではなく、苦難さえも喜んでいます。それは、苦難が忍耐を生み出し、忍耐が練られた品性を生み出し、練られた品性が希望を生み出すと、私たちは知っているからです。
>
> [ローマ5:3,4]

つらい経験は誰もが忘れたいものです。しかし、その経験をしたからこそ、得られる成長があります。それは「希望を生み出す力」です。苦難に耐えるなら、それだけで大きな価値があります。なぜなら、神に信頼し、神とともに耐えることをしているからです。忍耐は何もしない状態ではありません。忍耐は積極的で、将来に希望を置く行動です。思うように生きられないからといって、意味がないこととは限りません。むしろ「あなたがあなたらしく変えられる」きっかけかもしれません。

もし、あなたが主とともに苦難に耐えるなら、練られた品性から神のご性質が輝きます。あなたが苦難の中で、神の栄光を反射させているからです。その輝きは、あなたばかりか、多くの人に希望を与えることでしょう。

6 日

伝道とは何か?

··

> 弱い人たちには、弱い者になりました。弱い人たちを獲得す
> るためです。すべての人に、すべてのものとなりました。何と
> かして、何人かでも救うためです。　　　　　[Ⅰコリント9:22]

　伝道って福音を語るだけじゃない。福音に生きるあな
たが、人に寄り添って生きるなら、神さまの愛が伝わっ
ていく。あなたが善い人間だからできるんじゃない。善
い神さまがあなたとともにいるから、伝道できる。

　だって、信仰歴が長くたって、たいして善い人間に
なるわけじゃないでしょ?　自分の罪に気づく人もいるけ
ど、自分が一番清いなんて、間違う人もいる。

　あなたが、神さまを好きかどうかが、伝道の動機。信
仰の長さや義務感なんかじゃないよ。イエスさまと出会
い、イエスさまとともに生きる。そうしたら、神さまの愛
が注がれ、神さまを知り、神さまを伝えられる。

　福音には力がある。だから、あなたの目の前の人に寄
り添おう。そうしたら、神さまがその人を救われるんだ。

7 日

透明人間
······················

> あなたが施しをするときは、右の手がしていることを左の手に
> 知られないようにしなさい。あなたの施しが、隠れたところに
> あるようにするためです。そうすれば、隠れたところで見てお
> られるあなたの父が、あなたに報いてくださいます。
>
> [マタイ6:3,4]

　力を尽くして誰かに協力しても、犠牲を払って貢献
したとしても、誰もあなたに感謝しないことがあるでしょ
う。誰からも認められない…大勢の中にいるのに、な
んだか透明人間になってしまったような気分。そう思っ
て、悲しんでしまうことも仕方がないと思います。

　それでもなお、あなたに必要なことは人を愛することで
す。なぜなら神を愛することは、人を愛することと関係し
ているからです。

　すべての良い行いは、神を意識することで健全に機能
します。人に依存するとき、行いは偽善となるのです。
ですから、人の評価に依存する必要はありません。あな
たが意識すべきは、つねに神です。

　人ではなく、神を相手にして、誠実を尽くしましょう。

賛美をささげる

....

> 神よ　私の心は揺るぎません。／私の心は揺るぎません。／
> 私は歌い　ほめ歌います。　　　　　　　　　　［詩篇57:7]

　日常には、不安になる多くのことがあります。心が騒ぎそうなときは、「揺るがない」と決めることです。難しいことではありません。たとえ困難な状況にあっても、神の約束に期待するのです。ただ漠然と期待するのではなく、神があなたに良くしてくださっていることを、信じて賛美をささげます。初めは気乗りしないかもしれません。しかし、心の中が賛美で満たされるなら、次第に力が戻ってくることに気づくでしょう。

　なぜなら、賛美を通して主の臨在に触れ、確信が増すからです。不安の中でじっとしていないで、「揺るがない」決断をして賛美をささげましょう。勇気をもって一歩踏み出せば、落胆していた心に平安と喜びがあふれます。これはとても不思議なこと。あなたも体験してください。

自由意志

> 神である主は、その土地に、見るからに好ましく、食べるのに良いすべての木を、そして、園の中央にいのちの木を、また善悪の知識の木を生えさせた。　　　　　　　　　　[創世2:9]

　人は、園のどの木からでも、思いのまま食べることができました。しかし、善悪の知識の木から食べることを、神は望んでいなかったのです。この木の実は非常に危険で、人が神のように善悪を判断できるようになるのです。その上、この木から食べることは、神に逆らい、神を捨ててしまう行為でもあるのです。

　なぜ神は善悪の知識の木を、人の手の届くところに置かれたのでしょうか。それは、神が人を愛するゆえに、全く自由に選択できる権利を人にお与えになっているからです。

　神は人に、神を愛し、また神を捨てるすべての権利を与えられました。神は強制する方ではありません。人の選択の自由を尊重されます。神がこれほどまでに尊重される人の自由意志を、あなたは尊重していますか。

欠け多き士師

ギデオン、バラク、サムソン、エフタ、またダビデ、サムエル、
…彼らは信仰によって、国々を征服し、正しいことを行い、約
束のものを手に入れ、獅子の口をふさぎ、火の勢いを消し、
剣の刃を逃れ、弱い者なのに強くされ、戦いの勇士となり、
他国の陣営を敗走させました。 [ヘブル11:32-34]

　ギデオン、バラク、サムソン、エフタは、「百戦錬磨
の戦士」「奇跡の人」「神の人」と呼べるでしょう。彼
らは国々を征服し、正しいことを行い、勝利を与えられ
ました。驚くような功績を残せたのは、彼らがあらゆる
能力に長けていたからではありません。事実、欠けが多
く、「弱い者なのに強くされ」たことがわかります。彼ら
自身も、自らの弱さを自覚していたでしょう。

　ではなぜ、神は不完全な者を用いたのでしょうか。そ
れは彼らが自らの弱さを抱えつつも、神に頼ったからで
す。恐れても、弱さを乗り越え、神に頼りました。

　神は、ご自身に頼る者を無視することはありません。
私たちは、神に頼る信仰によって強められます。今日、
あなたは神によって、奮い立つことができるのです。

⓫ 日

やり直せる、信仰

> 「立ってあの大きな都ニネベに行き、わたしがあなたに伝える宣言をせよ。」ヨナは、主のことばのとおりに、立ってニネベに行った。…ヨナはその都に入って、まず一日分の道のりを歩き回って叫んだ。「あと四十日すると、ニネベは滅びる。」
>
> [ヨナ3:2-4]

　ああ、失敗した！ 神に背いてしまった。もう、神の前に立つことはできない…そう思ったことはありませんか。

　ヨナも同じでした。彼はニネベに行けと命じられましたが、その命令を拒否したのです。「見よ。聞き従うことは、いけにえにまさり、耳を傾けることは、雄羊の脂肪にまさる」（Ⅰサムエル15:22）。神に従うことは、最上級の礼拝であり、最も大切なことです。神はヨナに悔い改めを迫り、もう一度従うチャンスを与えました。ヨナはそのことばに従い、神のことばを伝えたのです。すると、ニネベの人々は悔い改め、大リバイバルが起こりました。

　神は、あなたに何度でもやり直すチャンスを与えます。やり直すことに遅すぎることはありません。

金銭を正しく理解する

> 金銭を愛することが、あらゆる悪の根だからです。ある人たちは金銭を追い求めたために、信仰から迷い出て、多くの苦痛で自分を刺し貫きました。　［Ⅰテモテ6:10］

「金銭＝悪」ではない。「金銭の話＝卑しい」でもない。働けば賃金が支払われるし、働いた者に賃金を支払うように、神は教えている。実際、一定の金銭がないと自由に生活することができない。金銭は、生きるための道具。道具は多く持っていても害にはならない。

ただ、間違ってはいけないことは、金銭は所有物であって、所有物に支配されてはいけない、ということだ。もし金銭を愛するなら、金銭はあなたを奴隷のように使い始める。だから金銭面だけが豊かになって、心が貧しくならないようにしよう。また、精神面の豊かさを強調するあまり、経済的な自立を軽んじてもいけない。

大切なことは、あなたのすべてを良いもので満たしてくださる、神とともに生きることなんだ。

13 日

すべてをささげる愛

> 御使いは言われた。「その子に手を下してはならない。その子に何もしてはならない。今わたしは、あなたが神を恐れていることがよく分かった。あなたは、自分の子、自分のひとり子さえ惜しむことがなかった。」
> [創世 22:12]

あれもこれも大切で、優先順位がわからない。信仰によって歩みたいけど、現実は厳しい。いつも忙しくしているのに、成長が止まっているように感じることはないだろうか。アブラハムは、彼にとって一番大切なものを神にささげた。すべての財産を失ったとしても、失いたくない宝物、イサク。神に従うために、最高の宝を手放すことを決心したんだ。

神を恐れるとは、従うこと。罰を怖がることじゃない。神は、アブラハムの愛を知っていた。真実の愛は、ただの「いい話」じゃない。すべてをささげる愛。そこには、葛藤や犠牲がある。アブラハムは信仰により、すべてを手放し、それ以上の祝福を受けた。

あなたが神を第一にして生きるなら、あなたの生き方が変わり、変えられなかった自分が変わる。

日

足踏みしたっていいじゃない
·····························

> この四十年の間、あなたの衣服はすり切れず、あなたの足は
> 腫れなかった。　　　　　　　　　　　　　　[申命 8:4]

　自業自得…。全部自分のせい…。なんて後悔したこと
はありませんか。いくら完璧に生きたいと思っても、そう
できないのが私たちですよね。

　イスラエルの民は不信仰の罪により、40年間荒野を
彷徨うことになりました。でも神さまは、何もない荒野で
毎日マナを降らせ、必要なものを絶えず与えていたので
す。

　確かに信仰に熱く、迷うことなく真っ直ぐに歩みたいも
のです。だって、そのほうが祝福を受けるし、何より模
範的でかっこいい。だからと言って、神さまは、不信仰
な者を見捨てたり蔑んだりはしないんです。

　神さまの目には、信仰に熱い人も不信仰に陥っている
人も同じように尊いんですから、あなたも不信仰な自分
や、他の人を、責めたりしないようにしましょう。

15 日

苦悩により、変えられる祈り

> ハンナは答えた。「いいえ、祭司様。私は心に悩みのある女です。ぶどう酒も、お酒も飲んではおりません。私は主の前に心を注ぎ出していたのです。　　　　　　　[Ⅰサムエル1:15]

　ハンナの苦悩は長かった。ただ単に子どもが与えられない、ということだけではない。彼女はエルカナの第1夫人であり、夫からの寵愛を受けていた。それゆえに、第2夫人のペニンナから嫉妬され、嫌がらせを受けていたのだ。ハンナは耐え切れず泣いたが、夫エルカナには慰めることができなかった。

　しかし、この状況を作り出していたのは、「主ご自身」であることを見落としてはならない。(Ⅰサムエル1:5)。主は、なぜこのような苦悩を、ハンナにお与えになったのだろうか。追い込まれたハンナは、対抗意識で子どもを求めることをせず、主の働きを担う子どもを求めた。

　ここに答えがある。苦悩は私たちの祈りを、みこころに沿ったものへと変える。

信じた時、聖霊を受けましたか

> アポロがコリントにいたときのことであった。パウロは内陸の
> 地方を通ってエペソに下り、何人かの弟子たちに出会った。
> 彼らに「信じたとき、聖霊を受けましたか」と尋ねると、彼らは
> 「いいえ、聖霊がおられるのかどうか、聞いたこともありませ
> ん」と答えた。 ［使徒 19:1,2］

　神を信じた時、私たちは恵みをいただきます。 一つ
は、私たちの罪と咎が赦される恵みです。これはイエス
の十字架によって、私たちに与えられた赦しの恵みで
す。悔い改めるなら誰でも罪を赦され、そればかりか神
の子の特権を与えられます。

　ただしもう一つ、忘れてはならない大切な恵みがある
のです。その恵みとは、聖霊が与えられる恵みです。聖
霊は神の御霊であって、私たちがこの世であう試練や誘
惑に打ち勝つ力です。

　私たちは無条件の愛によって救われると同時に、あら
ゆる困難に打ち勝つ神の霊が与えられていることを、忘
れてはなりません。神があなたに望んでいることは、罪を
悔い続ける人生ではなく、力と喜びにあふれて生きる人
生に歩むことなのです。

17 日

あなたのために祈りました

> シモン、シモン。見なさい。サタンがあなたがたを麦のように
> ふるいにかけることを願って、聞き届けられました。しかし、わ
> たしはあなたのために、あなたの信仰がなくならないように祈
> りました。ですから、あなたは立ち直ったら、兄弟たちを力づ
> けてやりなさい。」　　　　　　　　　　　　　[ルカ22:31,32]

　揺るがない岩という意味が、ペテロの名前。イエス
さまから与えられたすごい名前だ。確かに彼はとっても
大胆で、湖の上を歩いたことがある（沈んだけどね、
笑）。でもこの時イエスさまは、ペテロをシモンと呼ん
だ。おそらく彼が、弟子の中で一番偉いのは誰なのか、
（俺だろ？）みたいな議論をしていたからだろう…。彼は
熱い信仰の反面、世的な価値観をもっていたんだ。

　サタンは世的な思いを嗅ぎつけて、攻撃を仕掛ける恐
ろしい奴。でも心配しないで。なぜなら、あなたはイエ
スさまに祈られているから。たとえ倒されたとしても、イ
エスさまはあなたを立ち直らせることができる。

　あなたも救いの岩なるイエスさまと、心を一つにできる
ように祈っていこう。

恵みのゆえに
·····················

> この恵みのゆえに、あなたがたは信仰によって救われたのです。それはあなたがたから出たことではなく、神の賜物です。行いによるのではありません。だれも誇ることのないためです。
>
> [エペソ 2:8,9]

　神の恵みは一方的であり、祝福を受けるに値しない罪人に与えられました。唯一罪のない方キリストのみが、私たちの罪の身代わりとなり、贖うことができるのです。私たちは、自分の力や努力、どんな良い行いでも救いを得ることができません。救いは、神の一方的な賜物であるので「信仰によって」のみ受け取ることができます。信仰は目に見えない神と私たちをつなぐ、一筋の光のようなものです。

　もしあなたがキリストの救いを信じるなら、あなたは神の栄光を見るのです。神の恵みを受ければ受けるほど、「神が私を用いた！」から「神がすべてを成してくださった」と、聖霊によって、神のみが働かれていることに気づかされていきます。救いを受けたあなたは、救われた者として神とともに歩んでください。

19 日

罪人を罪人として扱わない

> 彼女は言った。「はい、主よ。だれも。」イエスは言われた。「わたしもあなたにさばきを下さない。行きなさい。これからは、決して罪を犯してはなりません。」　　　　　　[ヨハネ8:11]

　嫉妬心は危険だ。パリサイ人たちはイエスを妬み、罠にかけようとした。そこで、姦淫の現場で捕まえた女性を、イエスのところに連れてきたのだ。モーセの律法では、そのような罪を犯した者は石打ちとなる。しかし、ローマ帝国の属国となっているイスラエル人が、独断で死刑を執行することはできない。巧妙な罠だ。女性を赦せば律法に反し、石打ちを許可したらならばローマ帝国に反くことになる。イエスが「罪のない者が、まずこの人に石を投げなさい」と言うと、年長者から去って行く。イエスはその場に残られたが、この女性を罪に定めなかった。罪をうやむやにしたのだろうか…。

　そうではない。イエスは罪人の友として、救うために世に来られたのだ。イエスはあなたを、罪人扱いしない。

カインとアベル

> アベルもまた、自分の羊の初子の中から、肥えたものを持って来た。主はアベルとそのささげ物に目を留められた。しかし、カインとそのささげ物には目を留められなかった。それでカインは激しく怒り、顔を伏せた。　　　　[創世4:4,5]

　アベルは最良の羊をささげた。彼にとって、大きな犠牲が伴うものだ。しかし、カインのささげ物には、神さまは目を留められなかった。神さまはカインを嫌っていたわけじゃない。彼のささげ物に目を留められなかったのは、彼がささげたものは、ある程度の良いものであって、最良ではなかった。つまり、ささげる者の心の態度が問題だった。神さまは、心の底からすべてを喜んでささげているか、見ておられる。私たちが成し得たこととか、功績とかじゃない。悔い改めて神を慕う、へりくだった心の態度が重要なのだ。

　でも、自分に死んで、いつも最良のものをささげます！　なんて格好いいことはなかなか言えないよね。だからまず、自分自身のすべてをささげます！　と祈ってみよう。

21 日

希望を告白する

> 約束してくださった方は真実な方ですから、私たちは動揺しないで、しっかりと希望を告白し続けようではありませんか。
>
> [ヘブル10:23]

　大祭司が年に一度、血を携えて入ることのできる至聖所。聖所と至聖所を仕切っていた垂れ幕は、破り去られた。私たちと神さまの間には、罪の隔ての壁があった。その隔たりは高く、私たち自身の努力や清さでは決して超えられない。

　しかし、イエスさまはご自身の肉体を犠牲にして、その隔ての壁を壊された。私たちが神さまに近づくことができるのは、ただ流されたイエスさまの血のみ。イエスさまが、十字架にかかってくださったことにより、私たちは確信をもって、神さまに近づくことができる。たとえあなたの信仰が小さくても、真実な方とともにいる限り、あなたの希望がなくなることはない。

　約束してくださった方は、真実な方。しっかりと、希望を告白し続けていこう。

日

心を一つにして祈るなら

··

> まことに、もう一度あなたがたに言います。あなたがたのうちの二人が、どんなことでも地上で心を一つにして祈るなら、天におられるわたしの父はそれをかなえてくださいます。二人か三人がわたしの名において集まっているところには、わたしもその中にいるのです。」 [マタイ18:19,20]

　教会、礼拝、集会、さまざまなところで私たちは集まる。聖書は、私たちが集まることを励ましているんだ。神さまはなぜ私たちを同じところに集めて、祈らせたり礼拝させたりするか知っている？　それは神さまご自身が、私たちの中にともに生きて働いておられることを、集まる私たちに教えるためなんだ。

　私たちは、ついつい目に映るものに頼りがち。最初は少しであっても、いつの間にか人間に頼ってしまうことがある。でも、大切なことは集められた人たちのことを尊く思って、愛して、関わって、ともに神さまに頼ること。つまり頼ったり期待するのは人にではなく、神さまになんだよね。

　だから、みんなで集まったら、心を一つにして神さまに頼ってみよう。神さまは祈りに応えてくださるよ。

23 日

難しい世界で、難しい民と生きるには

> モーセが手を高く上げているときは、イスラエルが優勢になり、手を下ろすとアマレクが優勢になった。
>
> ［出エジプト17:11］

　喉が渇いた、肉が食べたい。何かと不平不満が多い、イスラエルの民。彼らは何か問題があると、モーセに文句を言うだけ言って、神さまに頼らず、行動もしなかった。

　そんな中、アマレクとの戦いになる。ヨシュアは、モーセから戦いの責任を負ったんだ。そのとき背後で、モーセは祈っていた。そして祈りによって、戦いは優勢になった。それだけでなく、ヨシュアの戦いの備えがあったのも事実。

　あなたは、自分の責任をどう考えている？　責任から逃げたり、後回しにしたり、人任せにしたりしていない？そう、人のことは関係ない。あなた自身が責任を負って祈り、率先して行動していこう。

　そうすれば、神さまがともにいることがわかるよ。

日

今、ここでできること

> わたしがあなたがたを引いて行かせた、その町の平安を求め、
> その町のために主に祈れ。その町の平安によって、あなたが
> たは平安を得ることになるのだから。　　　　［エレミヤ29:7］

　イスラエルの民は罪のゆえに、エルサレムからバビロ
ンに引いていかれた。そして捕囚の民となったんだ。神
さまはその地で、苦しみの中で歩みを進めるように伝え
た。減ってはならない増えるようにと、祝福の約束をし
たんだ。罰則のように思える状況に置かれたとしても、
神さまの恵みは注がれている。神さまは、私たちの弱さ
に寄り添ってくださる方。たとえあなたが間違ったとして
も、恵みを注ぎ続ける。試練の苦しみ、人の弱さ、自
分の弱さを経験し、すべての原因が人の愚かさであって
も、神さまは祝福に変えてくださる。

　だから今経験していることを、絶望と決めつけないよう
にしよう。神さまはあなたにぴったりな将来を、知ってい
る。それは、わざわいどころか、祝福で満ちあふれてい
るから。

25 日

主に遣わされた者

···

> わたしがお願いすることは、あなたが彼らをこの世から取り去ることではなく、悪い者から守ってくださることです。
>
> [ヨハネ17:15]

　クリスチャンはみな神の人。この世に属さずに、真理に生きる。みことばを心に蓄え、みこころに歩む。しかしだからと言って、この世と全く関わらないわけじゃない。むしろ、神の人として積極的に世の人と関わる必要があるだろう。かつては罪に従って歩んで来た私たち。でも今は、罪を犯すことが不自然になり、真理に歩むことを望んでいる。

　だから、悪い者や悪い考えから遠ざかろう。誘惑や悪い誘いを、自らしないようにしよう。あなたは、主に遣わされた者。世にあっては患難がある。神さまは、あなたをすべての悪から守る方。たとえ倒れたとしても、何度でも立ち上がればいい。

　主がともにいる喜びを求めていこう。

日

嫌いな人っている?
·····································

あなたを憎んでいる者のろばが、重い荷の下敷きになっているのを見た場合、それを見過ごしにせず、必ず彼と一緒に起こしてやらなければならない。　　　　　[出エジプト23:5]

　嫌いな人っている?　嫌なことばかりしてきて、あなたの悪い噂ばかりを立てている、そんな人。

　でもね、自分の嫌いな人が困っているなら、それを無視してはダメなんだよね。その人を助けたからといって、その人から感謝されることは一度もないかもしれない。だけど、あなたはその人を助けるんだ。だって、神さまがそのことを望んでいるから。相手が困っていたら、今までの恨み憎しみなんて忘れよう。

　助けた相手からひどい仕打ちを受けたとしても、すべて神さまが見ている。あなたの親切は、神さまによって報われるんだ。

　だから憎しみを捨てて、できる限りの祝福を嫌いな人にもしていこう。

㉗ 日

愛は多くの罪を覆う

> 主であり、師であるこのわたしが、あなたがたの足を洗ったの
> であれば、あなたがたもまた、互いに足を洗い合わなければ
> なりません。　　　　　　　　　　　　　　　[ヨハネ13:14]

　足を洗うって、汚いものを綺麗にすること。そう、愛
は多くの罪を覆うってことなんだ。罪をうやむやにするん
じゃなくて、罪で傷ついて弱った心を慰め、癒やす。

　弟子の足を洗ったのは、イエスさまが十字架にかかる
直前のこと。イエスさまが地上での生涯の最後にしたこ
とは、弟子たちの足を洗うことだった。この時イエスさま
は、弟子の一人ユダが裏切ることも、命を捨ててあなた
に付いて行きますと言ったペテロが、イエスさまのことを
知らないと三回も否定することさえ知っていた…。

　あなただったら、この二人の足を愛をもって洗えるだろ
うか。みこころに歩むって簡単じゃないよね。

　でも、やっぱり模範はイエスさま。神さまから力を与え
られて、変えられていこう。

親友になろう！

> 心のきよさを愛し、優しく話をする者は、王がその友となる。
>
> ［箴言 22:11］

　あなたは心がきよい人？　きよさについて考えると、自分は汚れているとか、あの人はきよくないとか、さばき出すかもしれない。あるいは、きよくなろうとして、良いことをしたり、人に優しくしようと思ったりもする。

　でも、それらのことは、きよくなった人が自然と取る行動で、きよくなるためのものじゃないんだ。本当のきよさは、神さまに近いところにある。

　あなたが神さまと近くに生きるなら、たとえ不完全なあなたであっても、神さまのきよさが染み込んでくるんだよね。

　だから、神さまとたくさん一緒に過ごして、親友になろう。

29 日

日常にあふれる神の愛の奇跡

> 神はモーセに仰せられた。「わたしは『わたしはある』という者
> である。」
> [出エジプト 3:14]

　神さまの自己紹介。「わたしは『わたしはある』という者…」（14節）。えっ?! ってモーセだって思ったに違いない（笑）。「わたしはある」どういう意味だろう…。ちなみに文語訳は「我は有て在る者なり」。ちょっとかっこいい。ありてあるもの?　たぶんとか、かもしれないとかじゃない。実際にあるものすべてが、わたしによって存在していると言ってる。そう、あなたが目を覚ますとき、ここちよい風が吹いてくるとき、空が美しいとき、神さまは「わたしはあるよ」って語っているんだ。神さまに恵みと祝福を祈り求めるのはいいけど、すでに与えられてる日常にあふれる神の愛の奇跡を忘れないで。もし目に映るすべての良いものに感謝をささげるなら、神さまは普段の生活の中にいつもいるから、説明する必要もないんだろうね。

30 日

話を聞くって難しい
·····································

> 私の愛する兄弟たち、このことをわきまえていなさい。人はだ
> れでも、聞くのに早く、語るのに遅く、怒るのに遅くありなさ
> い。　　　　　　　　　　　　　　　　　　　　　　　　　[ヤコブ1:19]

　人の話を聞くことは、なかなか難しい。傾聴(けいちょう)は、ただ相槌(あいづち)を打つことだけじゃないことは知っている。けれど、すぐに自分の考えを口に出してしまう。そもそも、聞くこと自体どうすればいい…って悩んだことはありませんか。人の話を聞くとは、相手が話しやすい環境を作ることです。冷静に理解しつつ、共感することが大切でしょう。聞いたことに対して、こちらの考えを語らなくてよいのです。

　ただ、必要な時、必要なことばを語ります。それが難しいのですが…。「語るのに遅く」「怒るのに遅く」このことばをしっかりと心に留めるなら、時間をかけて聞くのに早い者へと、成長することができます。

　テクニックとして聞くのではなく、人格が成長して、人の心を聴ける者となりたいですね。

㉛ 日

聖霊が鳩のように

> イエスは、水の中から上がるとすぐに、天が裂けて御霊（みたま）が鳩のようにご自分に降って来るのをご覧になった。
>
> ［マルコ1:10］

　鳩って平和の象徴。なんでそうなったのか、これには訳がある。ノアの大洪水の時、大雨がとどめられ水が引いて、乾いた土地があるかどうかを調べるために鳩を放った。すると、鳩はくちばしにオリーブの若葉をくわえて戻って来たんだ。そして、神さまは人との間に平和を宣言した。つまり鳩は、神と人との平和の象徴。

　イエスさまがご自身を公に現された時、聖霊が鳩のように降った。十字架の苦しみを受けることを知っていたイエスさまは、どんな気持ちだったのだろう。

　もしあなたが今、悩み苦しみの中にいるなら、祈ってみよう。聖霊の働きが、鳩のようにあなたのところに来るよう、お祈りしています。

8月

August

1 日

すべて〇〇なこと、から学ぶ

> 最後に、兄弟たち。すべて真実なこと、すべて尊ぶべきこと、すべて正しいこと、すべて清いこと、すべて愛すべきこと、すべて評判の良いことに、また、何か徳とされることや称賛に値することがあれば、そのようなことに心を留めなさい。
>
> [ピリピ4:8]

　人は、それぞれ個性がある。性格も違えば、物事の受け取り方も違う。育つ環境によって、価値観の違いが生まれるのは当たり前。文化や宗教の違いで人を差別したり、ましてや敵対したりする必要もない。そんなことでは、近視眼的で狭い視野の人物になる。

　大切なことは、あなたがしっかりと本当の神さまにつながっていること。そうすれば、あなたは誰からでも、どこからでも学ぶことができるんだ。

　真理は一つ、しかしそのみことばの真理を深く理解するには、すべての評判の良いこと、徳とされること、称賛に値することから学ぶ必要がある。

　もしあなたが、他の人から学ぶべき長所を見つけたなら、みことばに相反していないかを確認し、その模範を自分のものとしよう。

イエスの肉と血

....

> イエスは彼らに言われた。「まことに、まことに、あなたがたに言います。人の子の肉を食べ、その血を飲まなければ、あなたがたのうちに、いのちはありません。　[ヨハネ6:53]

「食べたものが、私たちの体をつくる」。皆が知っていることです。毎日ジャンクフードばかりを食べていたら、体は弱っていきます。それと同じように、毎日YouTube、Netflix、TVなど、エンタメ系ばかりを見続けるなら、それらの情報が、私たちのマインドを作り、そのマインドに従った行動をするでしょう。

イエスはご自身の肉と血が、私たちの主食だと言いました。この意味は、イエスが神に従ったように、私たちもみことばに従うなら、神のいのちが私たちの霊の糧となり、内側からあふれるのです。

あなたはどこから影響を受けていますか。みことばの糧に生かされるなら、神が願っている行動をすることでしょう。多くの情報にあふれる今だからこそ、いのちの糧で養われましょう。

3 日

ないもの以外のすべてがある

> わずかな物を持って**主**を恐れることは、豊かな財宝を持って
> 混乱するよりも良い。 [箴言 15:16]

　欲しいものは何ですか。思いつく限りのものを挙げて
みてください。みんなあれがない、これが足りないって
言ってるけど、欲しい物をすべて手に入れても、どうだろ
う？　しばらくすると、飽きたり、いらなくなったりして、
欲しかった時とは、違った物の価値を感じるんだ。欲し
いものを全部手に入れたら、「それらの物＝幸せ」では
ないことが、きっとわかる。

　心の隙間はだれにでもある。ふとした時に、そこにスー
ッと風が通り抜ける。神さまにしかふさぐことのできな
い隙間。あなたがないと感じているものは、ほんのわず
か。ないもの以外のすべてがあなたにはある。

　持っているものは少ないかもしれない。だけど、神さま
はあなたとともにいる。神さまがあなたのすべてなんだ。

力ある勇士よ

....

> さて主の使いが来て、アビエゼル人ヨアシュに属するオフラに
> ある樫の木の下に座った。このとき、ヨアシュの子ギデオンは、
> ぶどうの踏み場で小麦を打っていた。ミディアン人から隠れる
> ためであった。主の使いが彼に現れて言った。「力ある勇士よ、
> 主があなたとともにおられる。」
> [士師6:11,12]

　イスラエルの人々が種を蒔くと、ミディアン人たちが略
奪していきました。ギデオンは彼らを恐れ、ぶどうの踏
み場に身を隠し、小麦を打っていました。石造のぶどう
の踏み場は隠れやすかったのでしょう。そこに主の使い
が現れました。人を恐れて隠れていたところを見つかる
なんて、格好悪いですよね。しかし、主の使いはギデオ
ンを見て、「力ある勇士よ」と呼びました。なぜでしょう
か。ギデオンは臆病で慎重でしたが、主に頼り、主に従
う信仰があったのです。神はギデオンの資質を見抜いて
いたので、彼を勇士と呼び、イスラエルの民をミディア
ン人たちから救う、使命を与えました。

　今あなたに使命が与えられているなら、恐れないでく
ださい。神に頼るあなたに、できないことはありません。

5 日

蜜のように甘く、腹には苦い

> わたしはあなたがたに新しい戒めを与えます。互いに愛し合いなさい。わたしがあなたがたを愛したように、あなたがたも互いに愛し合いなさい。
>
> [ヨハネ13:34]

「互いに愛し合いなさい」素晴らしいことばだ。この新しい戒めには「わたしがあなたがたを愛したように」という、イエスの愛を模範とする条件がある。蜜のように甘いことばだが、実践するなら（腹には）苦味もあるのだ。イエスは、ユダが裏切ることを知りながら彼の足を洗った。そして、弟子たちがご自分を見捨てて逃げ出すことを知りながら、彼らを祝福した。愛に生きることは、何と困難なことだろう。あなたは、自分には不可能だと思うかもしれない。しかし、神は私たちに不可能な戒めは与えない。

もし、あなたがイエスのように神を愛するなら、神から愛と忍耐が注がれ、神の力によって互いに愛し合うことができるようになる。そうすれば、批判、嫉妬、孤独から解放され、平安に満たされるのだ。

的確に願うなら

> **主**を自らの喜びとせよ。／主はあなたの心の願いをかなえてくださる。
>
> [詩篇37:4]

　自分の願いをかなえてほしい。それは自然な思いだろう。親であれば、子どもの願いをかなえてやりたいと思う。それは私たちの神も同じ。神の子とされた者のために、神は、私たちの願いをかなえてくださる。ただ、それにはユニークな条件がある。それは、主をあなたの喜びとすること。主を喜ぶとは、神のみで満足すること。願いをかなえられて満足するのではない。神が私たちのすべてとなるなら、それ以外のものはいらなくなる。すると、主は私たちの願いをかなえられる。貪欲な願いは、かなえられるたびに渇いてしまう。そして、本当に必要なことを願えなくなってしまうんだ。

　しかし、主を喜びとして生きるなら、あなたの願いは的確になり、それがかなえられるなら、あなたも隣人をも潤すだろう。

7 日

あなたは不動の者となる

> あらゆる恵みに満ちた神、すなわち、あなたがたをキリストにあって永遠の栄光の中に招き入れてくださった神ご自身が、あなたがたをしばらくの苦しみの後で回復させ、堅く立たせ、強くし、不動の者としてくださいます。　　　［第一ペテロ5:10］

　信仰生活に苦しみって付きもの。理想の自分にはすぐになれないし、思い通りにできない自分がつねにいたりもする。コンプレックスって、必ずしも悪いことじゃないと思う。説明は難しいけど、良いコンプレックスは、前向きで成長につながるから。でも自己卑下したり、攻撃的になったりするコンプレックスは、良くないかな。つまり、苦しみを糧にする心が重要で、神さまと一緒に、神さまの求める理想の自分に少しずつ近づこうとする姿勢が必要なんだ。そうすれば、きっと苦しい期間も乗り越えられる。

　神さまは必ずあなたを回復させ、堅く立たせ、強くしてくださる。どんな苦しみの中でも、神さまはあらゆる恵みを用意している。その恵みを一心に受けて、不動の者としてもらおう。

日

ありのままで、いいじゃない

....

『あなたの隣人を自分自身のように愛しなさい』という第二の
戒めも、それと同じように重要です。　　　　［マタイ22:39］

「ありのまま愛されるってことば、嫌いなんですよね。人
のわがままも受け入れるってことになるでしょ」って聞い
たことがある。確かに、甘えることは、聖書の隣人愛じ
ゃないよ…っていうのは一理あるかもしれない。でもボク
はこの考えのほうが、嫌い（笑）。こんなことを言えてし
まう人は、自分がなーんにもできなかった頃の記憶を忘
れ、いつの間にか、お山の大将になっているんじゃない
かな。多くの人から注がれた愛を忘れ、自分で成長して
成功した気分になっている。生かされていること、愛さ
れていること、お世話されたこと、すべて忘れちゃったの
かも…。

　本当に人を愛したかったら、愛されてきたことを忘れち
ゃいけない。一人でもあなたに愛を注いでくれた人がい
るなら、その愛を大切にしてください。

9 日

平和の王

> もしだれかが何か言ったら、『主がお入り用なのです』と言いなさい。すぐに渡してくれます。」
> [マタイ21:3]

　イエスは、エルサレムの状況を隅々まで知っていました。それで弟子たちに、ろばの子を連れてくるように命じたのです。キリストがエルサレムに入城する時、ろばの子に乗ってやってくることは、ゼカリヤ書で預言されています。世の王であれば、馬に乗ってきたでしょう。なぜなら馬は、力と権力の象徴であり、カリスマ性にあふれる王に相応しいものだからです。エルサレムの人々がイエスに期待していたことは、まさにそれでした。彼らは、ローマ帝国を蹴散らし、イスラエルの国を再興する政治的リーダーを欲していたのです。しかし、イエスはそうではありません。イエスは一貫して柔和で、弱い者に尽くし、十字架にまで神に従いました。

　あなたの神は、平和の王、万軍の主なのです。

日

これからどうしていくのか

> あなたがたの死ぬべきからだを罪に支配させて、からだの欲望に従ってはいけません。…手足を不義の道具として罪に献げてはいけません。むしろ、死者の中から生かされた者としてあなたがた自身を神に献げ、また、あなたがたの手足を義の道具として神に献げなさい。　　　　　　[ローマ6:12,13]

　聖書の教えには共感する。でも、神さまに支配されたくはない。恵みはほしい。でも、生活は変えたくない。そんなこと思ったことない?

　私たちには、罪を捨てられない弱さがある。もし、神さまに従わなければ、それは罪に支配されている状態なんだよね。私たちは何かしらに従って生きているんだ。神に従わなければ、罪に従ってしまう。偽りの自由では決して、幸せにはなれない。キリストに従うって、心のもち方が変わるだけでは不十分。生き方が変わらなければ、受け損ねる恵みが多くなる。

　だから自分を信じるのではなく、あなたの手足を義の道具として用いてくださる神さまにすべてをささげよう。

　神さまは、あなたのすべてを受け入れてくださるよ。

11 日

そのつかみどころない空中にサタンが住む

かつては、それらの罪の中にあってこの世の流れに従い、空中の権威を持つ支配者、すなわち、不従順の子らの中に今も働いている霊に従って歩んでいました。 [エペソ2:2]

　この世界には、多数派や少数派と呼ばれる人たちがいる。そのどちらの人々も、みんなこの世の流れに従っているんだ。世の流れも空中も、見ることはできない。でも、人と人との間には確かに空間があって、そのふわっとした、つかみどころのない空中にサタンが住んでいるんだ。世論、思想、あらゆる立場にある正義、これらのものは、人間のものであって真理じゃない。クリスチャンでも、偏見への誘導（プロパガンダ）に油断はできない。むしろクリスチャンだからこそ、気をつける必要があるよね。だって、いつの間にか、目が遮られて周りに流されていたりするから。

　あなたが世に流されてしまうと、周りの人は聖書の真理を間違って理解する。あなたは真理の広告塔。だから真理から目を離さないでいよう。

日

ダメ出しはダメ

> 私の愛する兄弟たち、このことをわきまえていなさい。人はだれでも、聞くのに早く、語るのに遅く、怒るのに遅くありなさい。　　　　　　　　　　　　　　　　　　　　　　[ヤコブ1:19]

　そう、ダメ出しがダメなんです。良かれと思って言うあなたのひとこと。それ、人を成長させません。成長させないどころか、言われた人は正しい行動もしない。正しいことを言ったら、人が正しく動くなんて大間違い。だって、あなただってそうでしょ。あなたも、あの人も同じ人間なんだよね。みんな人間だもの（笑）。

　問題の原因を見つけられても、解決を見つけられないなら、静かにしましょうね

　もし、あなたが人に何かを言いたくなっちゃうなら、相手の話を聞けば、その人の強みや、可能性がきっと見つかる。それを伝えてあげてね。

　あなたと話した人は、やる気やチャレンジする勇気をもらえるよ、きっと。簡単ではないけど、うわべだけじゃなく、心の声も聞けるようになったら、いいね。

13 日

御手の守り

> **主よ** あなたは私を探り 知っておられます。／あなたは私の座るのも立つのも知っておられ／遠くから私の思いを読み取られます。／あなたは私が歩くのも伏すのも見守り／私の道のすべてを知り抜いておられます。…私を取り囲み／御手を私の上に置かれました。
> [詩篇139:1-5]

　神は私たちを、ただ知っているのではありません。「探り、知っている」のです。心の隅々まで調べ、把握し、私たちに何が必要で、何が必要でないかを知っています。歩くことや伏すことは、生活の中で自然にしていることですが、その行動の動機を見抜いているのです。人が見てもわからない心の動機でさえも、神の前ではすべてが明らかであり、誤魔化すことはできません。私たちの日々の行動は、完全に純粋で潔白だ、と言えるでしょうか。一日を振り返るなら、後ろめたい思いや不純な行動があったかもしれません。しかし、神はすべて知った上で、御手を置き、慰めを与えます。

　今あなたがひとり、試練や誘惑との戦いの中にあるなら、御手の守りを祈り求めましょう。

日

幸せの分岐点
····························

悩み苦しむ者の毎日は悪いことのみ。心に楽しみのある人には毎日が祝宴。 [箴言 15:15]

　ネガティブな心は、シンプルに損をする。悲観的な色眼鏡をかけていたら、目の前に広がる世界はすべて灰色になる。あれがダメ、この人がダメなんて言っていると、人から嫌われるばかりか、そんなことを言っている自分を一番嫌いになる。すべてが悪く映り、被害者意識ばかり増してしまうんだ。それでは楽しいわけがない。

　物事の捉え方が、幸せの分岐点。同じ物事でも、ある人は不満に感じ、ある人には祝福となる。

　本当の神さまを知っているなら、悩み苦しむ暇はない。すべてを祝福に変えてくださると期待しよう。あなたはどんな眼鏡をかけて、この世界を見ていますか。

　神さまの愛と恵みの眼鏡をかけて、すべてのことに楽しみを見つけていこう。

15 日

あなたは輝く

··

> しかし、あなたがたは選ばれた種族、王である祭司、聖なる国民、神のものとされた民です。それは、あなたがたを闇の中から、ご自分の驚くべき光の中に召してくださった方の栄誉を、あなたがたが告げ知らせるためです。　　[第一ペテロ2:9]

　私たちは、神のものとされた聖なる国民、神の民です。神は、暗く汚れた罪の中にあった私たちに、「あなたは私のもの」と言ってくださるのです。もし、私たちがその汚れを知るなら、驚くべき救いではないでしょうか。この世界は人の罪により、偽り、争い、不道徳でおおわれている暗いところにたとえられます。人の心には、愛がある美しさと同時に、利己的で暗い部分も混在しているのです。神の民の使命は「主の光を輝かせる」ことにあります。

　私たちはどのようにして「主の光を輝かせる」のでしょうか。それは、自分の力ではなく、神に信頼し、神とともに行動するとき、神の栄光を心に受けて輝くのです。あなたがどんな人物であっても、神とともに行動するなら、その輝きは隠れることはありません。

悲しみから、幸せは生まれない

> わたし自身、あなたがたのために立てている計画をよく知っている——主のことば——。それはわざわいではなく平安を与える計画であり、あなたがたに将来と希望を与えるためのものだ。あなたがたがわたしに呼びかけ、来て、わたしに祈るなら、わたしはあなたがたに耳を傾ける。 ［エレミヤ29:11,12］

　コロナ、サル痘、侵略、戦争のうわさ。世界情勢はずっと不安定。いつの間にか誰もが、まだ見ぬ将来を暗いものとして、受け入れてしまってるんじゃないかな。

　でも不安や悲しみに身を任せちゃいけない。そこから幸せは生まれないから。これは人の不安な思いであって、真理じゃないんだ。あなたの気持ちが今どんなに暗くても、あなたに与えられる素晴らしい計画を、神さまは知っている。

　神さまは、あなたのために将来と希望を与える方。希望をもって期待するからこそ、美しい将来を築き上げることができるんだ。だから今、あなたの祈りに耳を傾けてくださる神さまのところに行こう。その時には、悲しみはなかったかのようになるよ。

17 日

優しいことば

·······················

> 親切なことばは蜂蜜。たましいに甘く、骨を健やかにする。
>
> [箴言16:24]

　ことばって力がある。神さまは、ことばでこの世界を創られた。私たちも、日々ことばを交わして生きている。ことばなしには、生きていけない。ことばって、不思議。心の奥底から出てくるもの。あなたのことばにも、力がある。だって人を励ましたり、落ち込ませたりできるから。人の心の痛みを和らげることばがある。人の心の痛みって目には見えないけど、わかるでしょ。

　そんな時、あなたならどうする？　たとえあなたがことばの人じゃなくても、親切なことばをかけるなら、その思いは伝わるんだ。無駄になんかならない。その声音が、あなたの優しさを運んでいく。だから、勇気を出して親切なことばを語ってみよう。弱っていた人たちに元気を与えることができるよ。

荒野の中で

> それからイエスは、悪魔の試みを受けるために、御霊(みたま)に導かれて荒野に上って行かれた。 ［マタイ4:1］

　悪魔の試みを受けるために、御霊によって荒野に導かれるって変じゃない？　だって試みにあうって苦しいし、嫌なことだよね。そんなこと神さまってするの？　って思う。でも荒野に導いたのは、神さまなんだ。神さまは、試練をも祝福に変える。だから今あなたが、試みを受けていても恥ずかしいことじゃない。運悪く偶然起きてることじゃなくて、それは必然。試練って長くてつらくて、あわないほうがよっぽどいい。

　だけどその中で、神さまとの関係が育まれるんだよね。助け手だって与えられるし、あなたはひとりじゃないことがわかる。荒野の経験を通してこそ、神さまの恵みを知ることができる。誰かの証し(あか)や良いメッセージを聞いて恵みを知るんじゃなくて、あなたは神さまから、直接恵みを受け取るようになるよ。

日

神とともに歩む者

> あなたは自分のために、ゴフェルの木で箱舟を造りなさい。
> 箱舟に部屋を作り、内と外にタールを塗りなさい。
>
> [創世6:14]

　この時、地は神の前に堕落し、地は暴虐で満ちていました。主は、地上に人の悪が増大し、その心に図ることがみな、いつも悪に傾くのをご覧になり、心を痛められていたのです（同6:5）。私たちは、世の中に流されやすい存在です。すべての人々が、地上で自分の道を踏み外していたとしたなら、少なからず悪い影響を受けるでしょう。

　しかし、ノアは違いました。周りに流されることなく、神から箱舟を作ることを命じられるや否や、すべてのことを神が命じられたとおりに行ったのです。地上に箱舟を作ることは馬鹿げたことだと思われたでしょう。それでもノアは神に信頼し、神とともに歩み、大洪水から救われました。

　あなたは誰とともに歩んでいますか。

20 日

祝福してこそ、赦すことができる

> もし人の過ちを赦すなら、あなたがたの天の父もあなたがたを赦してくださいます。しかし、人を赦さないなら、あなたがたの父もあなたがたの過ちをお赦しになりません。
>
> [マタイ 6:14,15]

　赦せない人っている? もしいたとしたら、あなたは何をされたの? 世の中には故意に悪いことをする人がいるけど、あなたが赦せない人ってどんな人? 嫌いな相手を赦すって難しいよね。

　もし、一方的に害を与えてくる人だったら、その人から離れることをお勧めします。でもその人のことを、恨んだり憎み続けることはやめよう。それではあなたの人生が、台無しになってしまうから。

　相手が赦せない時は、あなた自身がいかに過ちが多く、そのすべてのことを、神さまから赦されていることを思い出そう。そして、赦されていることを感謝し、相手を祝福するんだ。相手を祝福してこそ、心の底から赦すことができるから。

21 日

日陰で一休み

························

> 主は　あなたの足をよろけさせず／あなたを守る方は　まどろむこともない。
>
> ［詩篇121:3］

　こんなに暑い日が続くと、体調管理はもとより、普通に生活するのもままならない。外を歩いていると、太陽の日差しが容赦なく照りつける。部活や塾に通うとき、日陰をはしごして目的地に向かったりするよね。照りつけられたコンクリートがあまりに熱いと、日陰の涼しさに甘えて立ち止まったりもする。

　でも、立ち止まるって悪いことじゃないと思う。あなたの歩みを与えるのは神さまだから。神さまは、あなたが立ち止まったり、座り込んだりするのを全部知っているんだ。思うようにいかなくても、神さまはまどろむことなく、ひとときもあなたから目を離さず、見守っている。神さまがあなたを守り運んでいるのだから、あなたの足はよろけない。日陰で休んでる時は自分を責めずに、あなたを導く方を喜ぼう。

心と心
··············

> わたしが喜びとするのは真実の愛。いけにえではない。全焼のささげ物よりむしろ、神を知ることである。　　［ホセア6:6］

　神さまに奉仕して疲れたぁ…なんて人もいれば、奉仕に熱中して達成感満載な人もいる。疲れたぁ…と思う人の奉仕は、義務感から自分という犠牲を払う。熱中している人は、自分の奉仕活動に躍起になって、神さまが不在。そんな人たちの共通点は、どちらも自分を見つめていること。たとえ大きな犠牲を払ったとしても、心が神さまに向かっていなかったら残念。神さまは、かっこいい奉仕や、犠牲の多い奉仕を喜ばれるんじゃない。心と心の関わりを願っている。心が通ってこそ、愛のある関係なんだよね。

　もし、あなたの心が渇いているなら、神さまと心を通わせよう。そうすれば、義務感や自己満足から解放され、神さまから受け入れられていることがわかるよ。

23 日

主の前に恵みを得る

> これはノアの歴史である。ノアは正しい人で、彼の世代の中にあって全き人であった。ノアは神とともに歩んだ。
>
> [創世6:9]

ノアの時代は、地上に増えた人間たちの悪が増大していました。神さまは地上をご覧になり、心を痛められていたのです。しかし、ノアは正しい人であって、神さまとともに歩み、洪水の兆しもない時に、命じられた通りに箱舟を造り始めました。なぜノアは、どんな時でも神さまに従うことができたのでしょうか。

創世記6章8節、「しかし、ノアは主の心にかなっていた」。口語訳では「主の前に恵みを得ていた」と訳されています。ノアは神さまの恵みに日々留まっていたのです。彼は、神さまとともに生きる喜びを知っていたのでしょう。

私たちも神さまの恵みに留まらなければ、ノアの時代の人々のように堕落してしまいます。

神さまから注がれる、恵みに生かされましょう。

日

無駄使い？

．．．．．．．．．．．．．．．．．．．．．

> 弟子たちはこれを見て、憤慨して言った。「何のために、こん
> な無駄なことをするのか。　　　　　　　　　　［マタイ26:8］

　非常に高価な香油。イスラエルの女性たちは、自分
の結婚式準備のために、少しずつ高価な香油を買うらし
い。その高価で貴重な香油を、一気に使い切ってしまっ
た。しかも、イエスの頭に注いで…。

　これには意味がある。一つは油注がれた者、すなわち
イエスがメシアであることを告白している。そしてもう一
つは、イエスが十字架にかかるための準備をしたんだ。
決して無駄なんかじゃない。彼女は自分のすべてをささ
げた。自分の一部でさえ出し惜しみする者より、はるか
に優れている。ほどほどにできる範囲のささげ物は、イ
エスの価値をわかっていない。イエスは、隠された宝、
高価な真珠。

　もし、あなたがイエスを信じて歩むなら、その価値を
見つけるだろう。

25 日

信仰の大盾
·······················

> 主は　ご自分の羽であなたをおおい／あなたは　その翼の下に身を避ける。／主の真実は大盾　また砦。／あなたは恐れない。／夜襲の恐怖も　昼に飛び来る矢も。
>
> ［詩篇 91:4,5］

恐れ、不安、孤独。自分自身の未熟さを感じ、将来に希望がもてない。やるべきことも手につかない。そんな時がある。

つらく理不尽な状況は、とても長く感じるんだ。でも、苦しい時間は束の間のこと。

主の真実は、あなたの大盾となる。そう、あなたの信仰の大盾があなたを守る。

なぜなら、あなたが神さまを信じるなら、神さまご自身が覆うように、あなたを守るからだ。

みんな失敗も成功もする。いろいろと不安になり、恐れたりもするけど、本当の幸いは、神さまにしかない。

神はあなたを守る方。ご自分の羽でおおわれる。大盾となってくださる方に、身を避けていよう。

死ぬこと以外、かすり傷

> サムエルは民に言った。「恐れてはならない。あなたがたは、このすべての悪を行った。しかし主に従う道から外れず、心を尽くして主に仕えなさい。
> [Ⅰサムエル12:20]

　最初は間違っていないと思ったことでも、後から振り返って間違いに気づくこともある。イスラエルの民は王が必要だと思い、それを望んだ。だけど、間違っていたんだ。失敗したくない、誰もがそう思う。でも、それは不可能。それどころか、成長の機会さえ逃す。

　赤ちゃんは何回も転びながら、歩けるようになる。転ぶのが怖くて立ち上がらなかったら、いつまでたっても歩けない。

　あなただって、いろいろなことを大胆に求めて、挑戦しなければ成長はしない。もし間違いに気づいたなら、きっぱり方向転換して、一から始めればいい。

　そして「さあ、これからが勝負、神さまの腕の見せ所」って信じて進んで行こう。

日

砕かれた霊

> 神へのいけにえは　砕かれた霊。／打たれ　砕かれた心。／
> 神よ　あなたはそれを蔑まれません。
>
> [詩篇 51:17]

　神は、砕かれた心に目を留め、神の栄光を現してくだ
さいます。砕かれた霊となることは、どれほど難しいこと
でしょうか。神は、祈りの動機を見抜き、心の隅々まで
も見通し、神の目に隠されているものなどありません。私
たちの願望ではなく、神は、神の願うことを祈る祈りを
喜ばれます。砕かれていない人の祈りは「あなたの願い
ではなく、私の願い通りにしてください」と祈ります。砕
かれた者の祈りは、自分のための祈りではありません。

　祈りの目的が、主の栄光が現されるためにです。神の
栄光、それは神が生きておられることが、私たちの生活
の内に現されることです。

　砕かれた霊となり、神が成してくださったと言うほかな
い、神のみわざを見ていきましょう。

日

クリスチャン＝禁欲主義

> あなたがたは、欲しても自分のものにならないと、人殺しをします。熱望しても手に入れることができないと、争ったり戦ったりします。自分のものにならないのは、あなたがたが求めないからです。　　　　　　　　　　　　　　[ヤコブ 4:2]

　求めるって、とても大切。クリスチャンだから「禁欲主義的に黙って耐える」なんて美徳じゃない。そんなのは、欲望を抑えているだけ。結局は、欲望に支配されているんだよね。そうなると人は、妬んだり苛立ったり拗ねたりしてしまう。

　だから、求めるってとても大切。何を本当に求めてるのか祈って、心を探るんだ。もし、自分の快楽のために他人の物を盗る行為なら、それはやめたほうがいい（3節）。

　クリスチャンは、快楽主義でも禁欲主義でもない。

　でも、そうでないなら大胆に神さまに求めていこう。きっと、求めているものが神さまの方法で与えられるから。

29 日

あなたに平安があるように祈ります

> 御霊（みたま）が補佐官の長アマサイをおおった。「ダビデよ、私たちはあなたの味方。エッサイの子よ、私たちはあなたとともにいる。平安があるように。…あなたを助ける者に平安があるように。まことにあなたの神はあなたを助ける。」ダビデは彼らを受け入れ、部隊のかしらとした。
>
> ［Ⅰ歴代12:18］

　ダビデは、サウル王から逃れるためにペリシテ人アキシュを頼り、ツィクラグに引きこもっていました。逃亡生活が続き、先行きが見えない将来への不安を感じていたことでしょう。誰もが信仰的に落ち込んだり、後退しているように感じるものです。

　今あなたには不安がありますか。もし、不安に思う何かがあるのなら、それはあなたの力では解決できないことなのだと思います。しかし、神があなたの味方であるなら、恐れ、心配、不可能と思えるすべての問題のただ中で、踏みとどまることができるのです。

　御霊はあなたの心に働きかけ、平安で満たします。

　神はあなたを励まし、助け手を与え、すべてを乗り越えさせる力をお与えになるのです。

私の隠れ場

> あなたは私の隠れ場。／あなたは苦しみから私を守り／救いの歓声で　私を囲んでくださいます。　セラ　　　［詩篇32:7]

　ダビデは、濁流（だくりゅう）のように感じる罪悪感に苛（さいな）まれる。自分の罪と咎（とが）を愁（うれ）い、この世から消え去りたいと思っていただろう。罪悪感の苦しみの中、彼は背きの罪を告白し、神に悔い改める。

　その瞬間、彼は一筋の平安を見つけた。「あなたは私の隠れ場」。罪を隠そう。罪を償（つぐな）おう。そのどちらでもない。ただ主のみにある希望。それが、神さまの内にある「あなたの隠れ場」。神さまは、あなたを苦しみから守ってくださる。

　今、あなたの心に罪悪感があるなら、神さまの前に罪を告白しよう。

　ダビデに与えられた平安が、あなたに与えられることを感謝します。

日

不登校なんて気にしない

> わたしが疲れたたましいを潤し、すべてのしぼんだたましいを満ち足らせるからだ。」ここで、私は目覚めて、見回した。私の眠りは心地よかった。　　　　　　　　　　　　[エレミヤ31:25,26]

　誰かと一緒にいることも、誰かを悪く言うことも難しい。適当な嘘をついて、誰も傷つけないように、気を遣い続けてしまう。良い人になってると、良い人疲れしちゃうよね。そんなことをしていたら、人と会いたくなくなり、不登校になるのもあたりまえ。

　不登校って悪いことじゃないよ。すごく素直で、心が優しいからなるんだ。きっと、あなたはすごく疲れている。誰にも見えない、気づかれにくい、良い人疲れが原因。親や兄弟からは怠けているとか、しゃんとしろって言われるかもしれない。

　そんな時は、自分を責めないでほしい。あなたが何もしていない時でも、神さまの癒やしは働いてるから。

　ゆっくり休めば、自然とやる気が出るよ。

9 月

September

1 日

仰ぎ見て生きよ

> モーセは一つの青銅の蛇を作り、それを旗ざおの上に付けた。蛇が人をかんでも、その人が青銅の蛇を仰ぎ見ると生きた。
>
> ［民数 21:9］

　エジプトを脱出したイスラエルの民は、旅の遠回りを余儀なくされます。そのことに対して、イスラエルの民は不満を爆発させました。彼らは毎日「マナ」で養われていたのですが、そのマナを侮辱したのです。そこで神は燃える蛇を送りました。この蛇に噛まれた人は、なんと苦しみ死んでしまったのです。

　なぜこれほどまでに、神はお怒りになったのでしょうか。それは、このマナこそ「天からのマナ」御子イエスの予型（ひな形）だからです。

　ですから大きな苦しみを通してでも、罪から悔い改めて十字架の救い（神の救い）にすがるように、導いたのです。罪による痛みの苦しみは、再び神に近づく機会となります。燃える蛇は神の激しい怒りと、それを遥かに覆う愛の印なのです。

日

主のもとに来なさい

> 主のもとに来なさい。主は、人には捨てられたが神には選ば
> れた、尊い生ける石です。　　　　　　　　［第一ペテロ2:4］

　困難、苦しみ、試練の中で、目標が見えなくなること
があります。脱出の道が見えず「救い、癒やしはどこに
あるのか…」と、途方に暮れたことはないでしょうか。
なすすべもない私たちに、聖書は「主のもとに来なさい」
と語ります。神のもとには救いと癒やしがあり、神への
信頼は、失望に終わることはありません。この原則はす
べての人に当てはまるのです。「尊い生ける石」とはキリ
ストであり、救いの礎石（建物の要となる石）です。こ
の上に美しい建造物が建てられるのです。十字架の救い
は、私たちの内に聖霊の宮を建てました。ですから、私
たちはどんな時でも神を礼拝することができるのです。

　もし、今日あなたが「主のもとに行く」なら、神はあ
なたを救い、聖霊の導きにより、次なる一歩を示される
でしょう。

3 日

祈りの奉仕

> また、アシェル族のペヌエルの娘で、アンナという女預言者がいた。この人は非常に年をとっていた。処女の時代の後、七年間夫とともに暮らしたが、やもめとなり、八十四歳になっていた。彼女は宮を離れず、断食と祈りをもって、夜も昼も神に仕えていた。　　　　　　　　　　　　　[ルカ2:36,37]

　アンナは7年間の結婚生活を送りましたが、夫に先立たれます。その後84歳になるまで、やもめ暮らしを送りました。ひとり暮らしの老婆と聞くと、衰えた体を抱え、孤独で不自由な暮らしをしていると想像するかもしれません。ところが、アンナは違います。彼女は昼も夜も祈りを通して、主に仕えていました。

　「祈りしかできません」ということばを聞いたことはありませんか。しかし、「祈り」は「しかできない」ことではありません。「祈り」は「主に仕えること」なのです。アンナのように熱心に祈る人は稀で、実際私たちは、そのような「祈り」ができないのではないでしょうか。

　神とともに生きる者は、日々新たにされていくのですから、アンナのように新鮮な、神との交わりをもちましょう。

神に尋ね求める者

·····························

> すなわち、世々の昔から多くの世代にわたって隠されてきて、今は神の聖徒たちに明らかにされた奥義を、余すところなく伝えるためです。　　　[コロサイ 1:26]

　パウロは旧約聖書の教えに相反（あいはん）することなく、キリストとその教えに生きていました。パウロの手紙には「奥義」ということばが出てきます。その奥義とは、キリストが来られた時、ついに明らかになった「救いの計画」です。厳格に律法を守り行ってきたパウロにとって、キリストとの出会いは、神の奥義を深く知らされる経験でした。パウロは旧約聖書の中に記されてきた、メシアによる救いの奥義を誰よりも深く啓示され、理解した人物なのです。なぜパウロに、その奥義が啓示されたのでしょうか。それは、彼が神に、熱心に尋ね求める者だったからです。

　もし、あなたが神に尋ね求めるなら、神はあなたに、神の奥義を悟らせるでしょう。

全うする力
....

> 神はあなたがたに、あらゆる恵みをあふれるばかりに与える
> ことがおできになります。あなたがたが、いつもすべてのこと
> に満ち足りて、すべての良いわざにあふれるようになるためで
> す。　　　　　　　　　　　　　　　　　　　［Ⅱコリント9:8］

　恵みとは、一方的に与えられるものです。ですから私
たちは、神からの恵みを受けるために努力をする必要は
ありません。努力をして得るものは報酬であり、恵みは
神からの一方的に贈られる贈り物です。恵みを受けるた
めに必要なことは、良い行いではなく、つねに神に感謝
する、へりくだった心でしょう。神の恵みは無限にあるの
ですから、あなたは安心してみこころに歩めます。なぜな
ら神は、あなたをいつもすべてのことに満ち足らせ、すべ
ての良いわざにあふれさせてくださると、約束しているか
らです。

　あなたは今、何かに不足していると感じていますか。
思い通りにならないことがあるかもしれません。しかし、
すべてのことを全うする力があることを信じましょう。

日

大胆な信仰

....

> するとペテロが答えて、「主よ。あなたでしたら、私に命じて、水の上を歩いてあなたのところに行かせてください」と言った。
>
> [マタイ14:28]

　湖の上を歩くイエスの姿を見たペテロは、自分も水の上を歩くように命じてほしいと、イエスに言った。ペテロのイエスに対する要求は、大胆なものだった。彼は「イエスには不可能はない」と確信していたのだ。私たちもこのような信仰、神に対する大胆な要求が必要だ。しかしこの後、ペテロは風を見て怖くなり沈みかけた。彼は、イエスから目を離してしまったのだ。

　あなたは今、何を見ているだろうか。見ているものに私たちは近づき、そこから影響を受ける。不安を見るなら、心が不安になる。怖れを見るなら、恐怖に囚われる。しかしたとえ試練の中にあっても、神を見るなら希望を見るのだ。沈みかけるような信仰の歩みであっても、信仰による希望は失望に終わらない。イエスは必ずあなたの手を握られる。

7 日

最高の対処方法

....

> あなたは復讐してはならない。あなたの民の人々に恨みを抱いてはならない。あなたの隣人を自分自身のように愛しなさい。わたしは**主**である。　　　　　　　　　　　[レビ 19:18]

　人を愛するって難しい。苦手な相手と関わらなくちゃいけない時なんか、とーっても疲れるよね。そういう時は最高の対処法がある。それはあなたが、もっと広い心で、相手を受け入れること。もーっと温かい心で相手を見ることなんだ。そして、今まで以上に相手を愛すればいい。えっ、そんなことできない！ って思うかもしれない。だけど、すべての人間関係の特効薬は愛。人間関係は愛によって解決する。だから、まずあなたが神さまの愛にしっかり浸されて、元気になろう。そうすれば、愛に満たされて、自然と一歩踏み出せるよ。

　愛を注いで、相手が変わることも、変わらないこともある。だけど、愛を注ぐなら、あなたはイエスさまのように変えられるんだ。

日

できなくないよ

> まことに、みことばは、あなたのすぐ近くにあり、あなたの口
> にあり、あなたの心にあって、あなたはこれを行うことができ
> る。
>
> [申命 30:14]

　神さまに従うって難しいイメージ。みこころって何だか
わからないし。今やっていることが不確かだったりする
と、将来のことが漠然とした不安に包まれて、一体どこ
に向かっているのかさえわからなくなる。確かに私たちは
間違いを犯すこともあるだろうけど、恐れ過ぎる必要はな
い。神さまを第一とすることから、すべてが始まるんだ。
そして、主を愛し、主の御声に聞き従い、主にすがって
いくなら、神さまはあなたに語ったことを、神さまのタイ
ミングで、神さまご自身が成し遂げてくださるよ。

　だから、みことばを口ずさみ、心にとどめていこう。与
えられている主のみことばに期待して、一歩踏み出して
みよう。

9 日

神さまはあなたの悲しみの理由を知っている

> 悲しみは笑いにまさる。顔が曇ると心は良くなる。
>
> [伝道者 7:3]

　何でもかんでも笑って楽しけりゃ良いってもんじゃない。誰もが楽しいことばかりあれば良いって思うかもしれない。だけど生きていれば、悲しいこともつらいこともある。その一つひとつが必要な経験なんだ。何も悲しくない、何も苦しくない。いつも感謝だけなんて、心が鈍くなっている証拠だ。

　確かにどんな時にも、感謝の心を忘れないことは大切。だけど、悲しむ者とともに悲しみ、泣く者とともに泣く心がなければ、それはもう強い信仰者なんてものじゃない。心の鈍くなったカルト教祖なんだよね。

　もしあなたが今、悲しみ苦しんでいるなら、成長している証拠。神さまはあなたの悲しみの理由を、深く知っている。神さまからの慰めと平安が与えられ、あなたは成長するんだ。

10日

証人
....

　では「〇〇さん、証しをお願いします」。そう頼まれたことはありませんか。証しって簡単ではないですよね。もし、それが初めての証しの機会であれば、緊張するかもしれません。パウロの宣教活動も、簡単ではありませんでした。証しをするとバカにされたり、相手にされなかったり、多くの困難があったのです。そんな中、持病を抱えるパウロは、御霊と御力の支えにより、みことばを語ることに専念しました。その結果、多くの困難を乗り越えていったのです。

　あなたが弱く恐れていたとしても、神はその弱さのうちに働いてくださいます。恐れないで証しをしましょう。黙ってはいけません。あなたが証しをするとき、主もともにいてくださいます。

⑪ 日

納得させるのは神

> また彼は言った。「わが主よ。どうかお怒りにならないで、もう一度だけ私に言わせてください。もしかすると、そこに見つかるのは十人かもしれません。」すると言われた。「滅ぼしはしない。その十人のゆえに。」
>
> [創世 18:32]

　神はソドムを滅ぼそうとしていた。なぜならソドムは性的倒錯、罪に汚れた町であったからだ。不道徳によって真実は歪められ、真理に歩む人など皆無で、みな自分の都合で物事を解釈し、自分を正当化していた。その町は人間の欲望を満足させることに長けていたが、神を満足させることはできなかった。それどころか、神を悲しませ、神の怒りを引き起こした。神がソドムの人々を滅ぼされないように、アブラハムは神にとりなしている。彼は罪から離れ、不道徳には染まらない。

　現在、世界には多くのクリスチャンがいる。しかし、何人の者がアブラハムのような信仰をもっているだろうか。人間のご都合主義の信仰は、神を満足させることはない。

　納得させるのは人ではなく、神だ。

日

解説は解決にならない

·······

> 次のような**主**のことばが私にあった。「あなたがたは、イスラエルの地について、『父が酸いぶどうを食べると、子どもの歯が浮く』という、このことわざを繰り返し言っているが、いったいどういうことか。
>
> [エゼキエル18:1,2]

　これは当時よく使われていたことわざです。先祖が罪を犯したので、その報いとして私たちはわざわいにあっているというのです。実際は、彼ら自身も偶像礼拝、不品行を行い、極度の不信仰に陥っていました。罪がさばかれる原因は、罪を犯した者にあると神は言います。

　あなたは、友人が悪い、親が悪い、大人が悪い、学校が悪い、社会が悪いと思うことはありませんか。しかし、不幸の原因を探して、それについて詳しく解説できたとしても解決にはなりません。なぜなら、その原因はあなたの内にあるからです。平安や喜びは、人や環境から得るものではありません。誰も私たちの心を縛ることはできないからです。罪の赦しを神に祈り求め、次の一歩に踏み出しましょう。

13 日

見つめるべきは、神さまの恵み

> 使徒たちは主に言った。「私たちの信仰を増し加えてください。」すると主は言われた。「もしあなたがたに、からし種ほどの信仰があれば、この桑の木に『根元から抜かれて、海の中に植われ』と言うなら、あなたがたに従います。　[ルカ17:5,6]

　誰もがなまぬるい信仰者より、熱い大胆な信仰者になりたいと思う。だって熱い信仰のもち主は、かっこいいし神さまから用いられるから。みんなの憧れ、カリスマ、影響力のすべてがその人にある。その人が語ることばには力があり、多くの人が励まされるんだ。

　でも、頑張って自分を変えよう！なんて思わないで。なぜなら主とともに生きるあなたは、すでに変えられているから。見つめるべきは自分の信仰じゃない、神さまの恵み。頑張るよりも、目の前にある恵みに気づけば古い生き方を手放せるよ。人は、より良いものが与えられると、今まで握っていたものをすぐに捨てられる。

　信仰が増し加えられるよりも、神を愛する心が増し加わったほうがいいね（笑）。

いま一度、心を新たにして

> あなたがたが経験した試練はみな、人の知らないものではありません。神は真実な方です。あなたがたを耐えられない試練にあわせることはなさいません。むしろ、耐えられるように、試練とともに脱出の道も備えていてくださいます。
>
> ［Ⅰコリント 10:13］

　あー何でこんなことになったんだろう。いつ間違えてしまったんだろうか。八方塞がりだ。詰んだ。なんの手立てもない…。なんて心焦っていませんか。こんな思いをしているのは自分一人だけだと、心細くなることがあるかもしれません。誰でも試練や誘惑にあう時は、困惑してしまうものです。

　でも、大丈夫。あなたが経験していることは、すでに多くの人々が、同じように経験してきたことでもあるのです。心焦らせるよりも、落ち着いて神さまを信じるなら、乗り越える力が与えられ、神さまがあなたのために戦われます。真実な神さまは、いつも脱出の道を用意していて、あなたが耐えられない試練にあわせることはなさいません。いま一度、心を新たにして、神さまに期待しましょう。

日

まあ、人ですから
....

> ダビデは逃げて、難を逃れ、ラマのサムエルのところに来た。そしてサウルが自分にしたこと一切をサムエルに告げた。彼とサムエルは、ナヨテに行って住んだ。　　　［Ⅰサムエル19:18］

　信仰により、日々勝利！　神がともにおられるなら、つねに前進せよ！　信仰に熱く歩むって、カッコいいし、確かに素晴らしい。だけど、信仰の歩みはつねに順調で、100戦100勝とはいかない。苦しいなら、危ないなら、自分に全然合っていないのなら、逃げてもいい。逃げ癖はつけたくないけど、無理して戦ってもうまくいかないこともある。それでいいんじゃないかな。事実、ダビデはサウル王から逃げて、難を逃れた。そして、サムエルに愚痴った（笑）。

　清廉潔白でいたいと私たち誰もが願うけど、多分無理。人ですから。きよさを求めて、他人をさばいてくる人がいるなら、その人は、あなたのことよりも、自分のことをわかっていないんだ。

　厳しく考え過ぎず、自分をいじめないようにしよう。

日

信じて願うなら

> まことに、あなたがたに言います。この山に向かい、『立ち上がって、海に入れ』と言い、心の中で疑わずに、自分の言ったとおりになると信じる者には、そのとおりになります。
>
> ［マルコ11:23］

この山とはオリーブ山のことで、海は死海を指しているのだろう。山が海に入る？ それって無理じゃない？ そう、無理なんです。

ズバリ人間には解決不可能って意味。でもイエスさまが伝えたいのは、あなたには無理なことであっても、神さまにはすべて可能だってこと。もちろん、自分勝手な願望は応えられない。でも、あなたが神さまは良いお方と信じて疑わず、祈り願うなら、祈りに応えてくださるんだ。人には不可能と思えることを、神さまはやってくださるんだよね。

あなたは、それを信じますか？ 信仰の祈りは、あなたを通して、神さまが御力をあらわしてくださる。

祈りがまだ応えられていなくても、すでに受けたと信じて行動していこう。

日

英雄と臆病者

> 恐れるな。わたしはあなたとともにいる。たじろぐな。わたしがあなたの神だから。わたしはあなたを強くし、あなたを助け、わたしの義の右の手で、あなたを守る。　[イザヤ 41:10]

　あの人は勇気があるなぁ。きっと臆病者の自分にはできっこない。能力もないし…なんて思ったことはありませんか。英雄も臆病者も同じ人間。恐れを感じたり、不安になったりする。

　でも、英雄と臆病者には大きな違いがある。それは恐れに対して「何をなしたか」なんだ。恐れに囚われたら、身動きができなくなる。自ら負けを背負い込んでしまう。難しいからできないんじゃない。恐れて難しく考えてしまうから、余計にできなくなる。神さまはあなたに「恐れるな」と語っている。「わたしがあなたを助ける」と言っているんだ。

　心の恐れを消す必要はない。神さまを信頼して、一歩踏み出そう。そうすれば、あなたは前に立ち塞がる困難を、すべて超えていける。

18 日

良い人になるより、素直な人に

何を見張るよりも、あなたの心を見守れ。いのちの泉はこれから湧く。　　　　　　　　　　　　　　　　[箴言 4:23]

　楽しいことを探してはみたものの、満足することなく憂鬱な気分。なんとなーく退屈で、大きな失敗はないけど、うまくいかない日々。何か楽しいことないかなぁ…と、思ったことはありませんか。

　充実した日々を送るって、難しいですよね。どこか遠くに行けば、充実した日々が見つかるわけではありません。そんな時は、自分の心を探ってみることです。あなたが大切にしていること、もし明日死ぬとしたら、今やりたいこと。それが見つかったのなら、その気持ちに素直になってみよう。

　そうすれば、あなたは充実するでしょう。そして、本当に楽しむことができる。格好をつける必要はありません。

　神さまはあなたの心をご存じですから。

日

強い人と、弱い人

> 彼らはペテロとヨハネの大胆さを見、また二人が無学な普通
> の人であるのを知って驚いた。また、二人がイエスとともにい
> たのだということも分かってきた。　　　　　　［使徒4:13］

　ペテロとヨハネは無学な漁師でした。しかし、彼らは
驚くほど大胆だったのです。あなたはどのような時に、
大胆になれますか？　人は、自分より弱い人あるいは他
人を、自分より下に見て大胆になるのかもしれません。
しかし、たとえ高学歴であっても、多くの知識や特技が
あったとしても、それだけでは強いとは言えません。「私
にはこれができる、学歴がある、資格がある、何かを成
し遂げている」と自分を誇っているのです。それは、自
分の人間力以外から力を借りていることに気づいていな
い、痛ましく惨めな状態です。人の本当の強さは神から
のものだからです。

　もし、あなたがペテロとヨハネのようにイエスと生きる
なら、本当の強さを得るでしょう。

誰に求めているの?
....

> 求めなさい。そうすれば与えられます。探しなさい。そうすれば見出します。たたきなさい。そうすれば開かれます。だれでも、求める者は受け、探す者は見出し、たたく者には開かれます。　　　　　　　　　　　　　　　　　　　　[マタイ7:7,8]

　神さまにはすべてがある。だからもし、私たちがたたき続けるなら、開かれると約束しているんだ。でも、神さまが天の窓を開き、祈りに応えるって言っているのに、実際に、神さまに求め続ける人って少ない…。だって、少し祈っただけで、すぐに諦めるでしょ。結局人に求めたり、すぐに応えてくれないと怒ったり。思い通りにいかないと、ストレスを溜めてイライラ落ち込んだり、あれこれと必要を満たすために、焦って動きまわったりする。

　これって、口では神さまに求めて祈っているって言うかもしれないけど、行動は神さまに求めてないってことなんだよね。だから、本当に天の窓を開いてすべてを与える方は、神さまだけだって忘れないようにしよう。

日

悩む必要はない

> 人はだれも、律法を行うことによっては神の前に義と認められないからです。…しかし今や、律法とは関わりなく、律法と預言者たちの書によって証しされて、神の義が示されました。すなわち、イエス・キリストを信じることによって…与えられる神の義です。そこに差別はありません。　[ローマ3:20-22]

　良い行い（律法）によって、救われるのではありません。救いは、求める者に対して無条件に、一方的に与えられるのです。たとえ、何度も失敗をしたとしても、その人が神を捨てない限り救いは失われません。神を信じているのに、自分の弱さや失敗を気にして、救われているのか不安になるでしょうか。

　しかし、その心配はいりません。なぜなら、自分の行いに確信がもてなかったとしても、救い主イエス・キリストを信じること、それが救いだからです。大切なことは自分の内側に救いを見出すのではなく、神のうちに救いを見出すことです。私は救われているのだろうか…? と悩む必要はありません。神を必要としているあなたは救われているのですから、完成された十字架の救いに確信を置きましょう。

日

期待しすぎていない?

> あなたは復讐してはならない。あなたの民の人々に恨みを抱いてはならない。あなたの隣人を自分自身のように愛しなさい。わたしは**主**である。　　　　　　　　　　　　[レビ19:18]

　みんな一度は、人間関係でがっかりしたことがあると思う。その理由を考えたことってある？　明らかな意地悪をされたら、がっかりするよね。でもがっかりの理由が、案外自分の期待が外れただけ、なんてことがあるんだ。相手が自分の思い通りに動いてくれないと、苛立ってしまう例のヤツ。これってつまり、あなたの期待を相手に押し付けてたってことなんだ。

　聖書は相手に期待しなさいとは言っていない。隣人を愛しなさいと言っている。だから、愛することを第一にしてみよう。もしそれができれば、あなたの期待で他人を、自分も傷つけることはない。

　そればかりか、相手の気持ちに沿った期待ができる、愛の人になるよ。

23 日

自分の権利に縛られないように

では、私にどんな報いがあるのでしょう。それは、福音を宣べ伝えるときに無報酬で福音を提供し、福音宣教によって得る自分の権利を用いない、ということです。　［Ⅰコリント 9:18］

　パウロは救われたすべての人に、得られる自由があると言っている。その福音の恵みは、当然パウロにも与えられているもので、パウロ自身の権利でもある。ただ、パウロは福音を伝えるために、その自由を自分のために使わないと言っているんだ。だから彼は、ユダヤ人にはユダヤ人のようになり、ギリシア人にはギリシア人のようになって、接していった。それは、一人でも救いに導くために、パウロに与えられている自分自身の自由の権利を放棄したんだ。権利を主張しすぎると、逆にそれに縛られてしまう。自分の権利を神さまに渡してこそ、本当の自由を得られるんだよね。

　だから、あなたが自分の権利に縛られないよう、お祈りしています。

日

あなたの傷はつながりを生む

> 喜んでいる者たちとともに喜び、泣いている者たちとともに泣きなさい。
>
> [ローマ12:15]

　悲しみたくはない。誰もがそうだろう。ずっと喜んでいたいと思っても、それは無理なんだ。勇気をもって何かにチャレンジすれば、成功したり失敗したりする。心打ち解ける仲間との出会いがあれば、別れもある。生きていれば、喜びと悲しみは繰り返し起こる。それは避けられない。心が傷つき泣くこともあるだろう。でも、その一つひとつが尊い経験なんだ。あなたは、傷ついた分だけ人の悲しみに寄り添うことができる。人は、悲しみによっても、人とつながることができるよ。

　神さまによって癒やされるのだから、心の傷は悪いものではない。喜びも、悲しみも、そのまま心にもって、神さまとともに生きよう。きっと、悲しみの意味がわかる時がくるから。

25 日

神と人とが歩んだ軌跡

ですから、私たちは確信をもって言います。「主は私の助け手。
私は恐れない。 人が私に何ができるだろうか。」[ヘブル13:6]

　あなたには、一緒にいると大きな励ましを与えてくれる
人っている?　そんな人がいたら、それは本当に幸せな
ことだと思う。その人といると、あなたは力を受けるから
ね。不安、恐れ、試練、失敗。人はさまざまな理由で
絶望する。聖書には、人と神さまが歩んだ軌跡が記され
ている。人が悩み苦しむとき、あなたのために働かれる
のは、神さまなんだ。神さまは、あなたを守り導き力を
与える。

　これからあなたは、多くのことで悩むかもしれない。でも、神さまは、あなたにいのちを与えたその瞬間から、
片時も離れたことはない。神さまは、ずっと一緒にいてく
れる。もし、あなたが神さまに頼るなら、毎日が奇跡の
連続になるよ。

思い通りにならなくても、大丈夫

> 打ち破る者は 彼らの先頭に立って上って行く。 彼らは門を打ち破って進み、そこを出て行く。 彼らの王が彼らの前を、主が彼らの先頭を進む。
>
> ［ミカ2:13］

　チャレンジすることは、いつでも勇気がいる。祈って備えて臨んだのに、上手くいかないことってたくさんある。たとえ、思い通りに行かなかったとしても、それは間違いじゃないよ。誰もが理想に届くように奮闘するけど、なかなか上手くいかないんだ。

　でも心配しないで、それが成長につながるから。あなたが心細く思うとき、ひとりで立っていると感じているとき、いつも神さまはあなたとともにいる。それどころか、あなたの先に立ち、あなたが行くよりも先に、その場におられるんだ。あなたが無理だと思うことでも、周りの人が無理だよと笑おうとも、関係ない。

　神さまが導かれるなら必ず祝福され、あなたは神さまの導きに感謝し、それを見た人たちは驚くんだ。

27 日

怒っているなら

·····························

私の愛する兄弟たち、このことをわきまえていなさい。人はだれでも、聞くのに早く、語るのに遅く、怒るのに遅くありなさい。人の怒りは神の義を実現しないのです。　［ヤコブ1:19,20］

　怒ることは罪じゃない。だけど、限りなく罪に陥りやすい感情ではある。だって、感謝とか喜びの感情って、心に抱いても罪は犯さないでしょ。でも、不完全な人間の怒りは、罪を犯す可能性が高く、ましてや何の解決にもならない。義憤なんてことばを聞いたことがあるかもしれないけど、それは神さまのものであって、人のものではないんだよね。言いたいことを言い放っても、わだかまりを残すだけ。何かが進展したり、人間関係が良くなったりはしない。

　だから、あなたが怒っているとしたら、語らないことだ。もし、あなたが怒っているなら、まず神さまのみことばに聞こう。

日

心がもげて落ちる時

> あなたがたも今は悲しんでいます。しかし、わたしは再びあなたがたに会います。そして、あなたがたの心は喜びに満たされます。その喜びをあなたがたから奪い去る者はありません。
>
> ［ヨハネ16:22］

　この時、弟子たちはイエスが十字架にかかることを知らない。弟子たちはイエスを信頼し、慕ってきた。そんな大切な人をこれから失う。ただ失うだけではなく、イエスを知らないと言い、裏切って捨ててしまうのだ。弟子たちはイエスを失い絶望し、裏切ってしまった自分の心の弱さに失望する。あなたは、想定を超える絶望を感じたことがあるだろうか。心がもげて落ちてしまったような…。

　もし、あなたの心が落ち込んでいるなら、それを放置しないほうがいい。放っておくなら、いつの間にか絶望に呑み込まれてしまうだろう。そんな時は、静かに全力で主に頼ろう。

　復活のイエスは今日も生きていて、あなたを支え必ず喜びを与えくださるから。

日

助言を下さる主

> 私はほめたたえます。助言を下さる**主**を。／実に　夜ごとに
> 内なる思いが私を教えます。　　　　　　　　　　[詩篇16:7]

　あなたが困っていた時、誰かからアドバイス（助言）を受けたことはありますか。そのアドバイスを聞いて、ハッと気づきが与えられたり、気に入らなくてムッとしたり、気づけば重荷になってしまったり。そんなことがあったかもしれません。重荷となるのは、アドバイスが適切ではなかったり、今のあなたには理解ができなかったりと、さまざまな理由があると思います。

　しかし、最大の原因は、お互いの思いがすれ違っていることにあるのではないでしょうか。聖書を読む時に大切なことは、与えられたみことばを思い巡らし、主と心が一つになることです。

　主はあなたに、みことばを通して助言をしてくださいます。それは主との交わりを通して、あなた自身が変えられるためなのです。

たとえ力がなくても

....

> **主**よ、力の強い者を助けるのも、力のない者を助けるのも、あなたには変わりはありません。私たちの神、**主**よ、私たちを助けてください。…**主**よ、あなたは私たちの神です。人間が、あなたに力を行使することのないようにしてください。」
>
> ［Ⅱ歴代 14:11］

　クシュ人が百万の軍勢を率いて攻め込んで来た時、アサ王は、即座に主により頼んだ。アサ王は、劣勢の戦いを強いられた時、逃げ出すことも、投げ出してしまうこともせずに、民のために立ち上がったんだ。

　あなたは、自分にはどうすることもできないような、大きな問題を抱えたことはあるだろうか。

　その時、二通りの人がいる。危機に直面すると、逃げ出す者と、その土壇場で本領を発揮する者が。

　たとえあなたに力がなかったとしても、もし神さまにより頼むなら、神さまはあなたを助けてくださる。

　そのことを信じて、大胆に一歩踏み出してみよう。

10月

October

❶ 日

パウロの手紙はくどい

> 最後に、私の兄弟たち、主にあって喜びなさい。私は、また同じことをいくつか書きますが、これは私にとって面倒なことではなく、あなたがたの安全のためにもなります。　　［ピリピ3:1］

　パウロは幾度となく、手紙の中で「主にあって喜べ」と言っている。パウロの手紙はくどい。でもくどさは、大切な要素だと思う。本当に大切なことなら、相手の意識に入り、腹落ちするまで、同じことを促す必要がある。パウロはそれを知っていた。だからこそ、神はみこころを彼の手紙を通して語ったんだ。

　喜びは信仰生活に大切な要素。喜びは私たちに力を与える。本当の喜びは、状況や環境によって与えられるものではなく、神との関係によって与えられるもの。私たちの心の態度が、神の前に正しければ、平安が与えられ、傲慢であったり、心が曲がっているなら、平安は与えられない。

　神から祝福を受けるのに、多くの時間は必要ない。必要なことは、神を喜んで慕い求めることなんだ。

完全で、最悪の人生

> 私を強くしてくださる方によって、私はどんなことでもできるのです。　　　　　　　　　　　　　　　　　　　[ピリピ 4:13]

　生きていれば課題は尽きず、小さな決断から大きな決断まで、絶え間なく押し寄せてきます。もし失敗を避けたければ「決断せず何もしない」ことです。そうすれば完全で、最悪の人生を送ることができるでしょう。チャレンジが与えられた時、あなたはどうしますか。恐れて決断を先延ばしにしたり、失敗するかもしれない…と不安になるかもしれません。

　しかし、尻込みしている時間は必要ありません。なぜならあなたには、あなたを強くしてくださる方がともにいるから。あなたがチャレンジする時、その道のりは困難で、笑顔も消え、声までも失うことがあるでしょう。

　しかし、その神とともに歩んだ経験は、さらにあなたを強くするのです。

日

率先して尊敬する

> 兄弟愛をもって互いに愛し合い、互いに相手をすぐれた者として尊敬し合いなさい。　　　　　　　　[ローマ12:10]

　尊敬とは、〇〇先生を尊敬しているというような、相手を自分より優れた者とする一方通行の関係ではありません。相互間の尊敬こそが、互いに愛し合うことの本質なのです。尊敬は、人間関係において潤滑油になります。人はそれぞれ育った環境や、世代によって、考え方の違いが確かにあります。でも、それが一体何なのでしょうか。そんな違いを尊敬しない理由に使っていたのなら、もったいないですよね。

　ですから、私たちが率先してすべての人に尊敬の態度を取ることです。そうすれば、それが健全な影響力となるでしょう。

　健全な影響力とは、人を従属させようとするものではなく、率先してすべての人を尊敬する心から生まれる、愛です。

日

教会と生きる

....

> そこで、わたしもあなたに言います。あなたはペテロです。わたしはこの岩の上に、わたしの教会を建てます。よみの門もそれに打ち勝つことはできません。　[マタイ16:18]

　教会を変えたい！　なんて思ったことある？　でも、それはお勧めできないな。ただしカルト化した教会や、霊的マウントをとって指導されたりしていたら別だと思う。あるいは牧師の説教が自論ばかりで神さまがわからなくなるような教会も同じ。教会はギリシア語でエクレシアって言うんだ。「召し集められた」って意味がある。「集まってきたから教会になった」ではないんだよね。

　あなたがその教会にいるってことは、神さまがあなたを呼ばれたからこそなんだ。たとえお腹の中からだったとしても、あなたは神さまによって呼ばれたんだよね。だから神さまは、あなたの教会を愛しているんだ。

　あなたは今、与えられている教会を愛していますか？　そこにおられる神さまを見ていますか？　神さまから与えられた、教会と生きて行こう。

日

愛で知られる関係

················

> 「わたしはあなたがたに新しい戒めを与えます。互いに愛し合いなさい。わたしがあなたがたを愛したように、あなたがたも互いに愛し合いなさい。互いの間に愛があるなら、それによって、あなたがたがわたしの弟子であることを、すべての人が認めるようになります。」
> [ヨハネ13:34,35]

　互いの間に愛がある、そのことが大切です。愛を自分の中から絞り出す必要はありません。内なる聖霊から、ご自身を犠牲にする神の愛が注がれます。人を先入観や噂でさばき、距離を取ってはいけません。相手を信友（信仰の友）と認め、同じ時をともに過ごし、会話し、行動するなら、自然とその関係から愛があふれるのです。

　あなたが注ぐ愛は、どれほど信友を支えるでしょうか。すべての人は、悩みや葛藤を抱えているのですから、クリスチャンである私たちは、信仰の友とつながり愛しましょう。互いに愛し合うなら、すべての人の憧れる人間関係が、そこに生まれているのです。

　私たちの関係に、神の愛があることを人々に知られるよう、目指しましょう。

6日

休もう!

> 六日間は自分の仕事をし、七日目には、それをやめなければ
> ならない。あなたの牛やろばが休み、あなたの女奴隷の子や
> 寄留者が息をつくためである。　　　　　　　［出エジプト23:12］

　休みは大切。上手に休むなら、何かと効率が良くな
る。「休んじゃいけない」みたいに思うなら、それは休
みと怠慢とを混同させている。怠慢につながるのは、休
んでから働こう! の後回し戦術。これでは順番が逆にな
り、後々バタバタする。「バタバタ劇場の主人公」だ。
それもちょっと可愛いかもしれない（笑）。つねに忙し
くしている人がいるけれど、誰からも喜ばれていないな
ら、その人も休もう。

　なぜなら、一人が働くとそれに伴って、他の人が働く
ことになるから。無茶振り製造機にはなりたくないはず
だ。無計画に過ごしていると、いつの間にか、目先のや
ることに追われて休めないんだ。

　だからリラックスして、神さまと過ごす一日のために、
やるべきことに全力を尽くしていこう。

7 日

私たちがまだ弱かったころ

> 実にキリストは、私たちがまだ弱かったころ、定められた時に、不敬虔な者たちのために死んでくださいました。　［ローマ5:6］

　あなたはどんな人を好きになりますか。好みが合う、相性が合う、かっこいい、かわいい、尊敬できる人をでしょうか。自分の祝福と益になる人を好きになるのが人間です。しかし、キリストの愛は違います。この人にはこの悪いところが、弱さが、欠点があり、不敬虔で、尊敬できるところは何一つないけれども、愛するのです。これほどの愛を、私たちは誰一人もち合わせてはいません。

　なのになぜ神は、そんな私たちのために命を捨てたのでしょうか。それは、私たち一人ひとりが神の最高の作品であり、あなたは神の宝だからです。神の深い愛の眼差しを思います。すべてを愛し、喜びにあふれ、生まれたての赤ん坊を抱く母親の眼差しのようです。あなたの上には、神の深い愛の眼差しが注がれています。神とともに生きましょう。

まだ見ぬ君へ

> 私はこう確信しています。死も、いのちも、御使いたちも、支配者たちも、今あるものも、後に来るものも、力あるものも、…そのほかのどんな被造物も、私たちの主キリスト・イエスにある神の愛から、私たちを引き離すことはできません。
>
> ［ローマ8:38,39］

　神さまは祈りを聞いているのか、みことばは真実なのか、わからなくなることがある。生活の中で繰り返される代わり映えのしない日常に、うんざりしたり、感謝をしたり。前進しているのかも、後退しているのかもわからない。ただ現実に感じていることは、定まらない思いと、確信のもてない今。そんな時は、もがいたり、不機嫌になったり、塞ぎ込んだりしちゃうんだよ。

　でもそんな自分を、丸ごと好きになってほしい。なぜなら、神さまは丸ごとあなたを愛して離さないから。

　未熟、不完全、あらゆる失敗、そんな理由いくらあげても、神さまの愛からあなたを離すことはできない。

　この世界にあるすべてのものを集めても、神さまにとってあなた以上のものはないんだ。

⑨ 日

人の良いところを見つければいいじゃない

> 何事も利己的な思いや虚栄からするのではなく、へりくだって、互いに人を自分よりすぐれた者と思いなさい。[ピリピ 2:3]

　正論ばかり言って、ダメ出しばかりする人って、誰も近寄りたくない。言っていることは間違ってないんだけど、やっていることが間違っている。大切なことは、正しさを振りかざしたり、相手を正したりすることじゃない。人を自分より優れていると認めること、これが愛のある行動。もっと具体的に言うと、相手の良いところ、つまり美しいところを見つけるんだ。これは、見た目のことを言っているわけじゃない。「責任感」や「優しさ」その他のすべての美しい行為のこと。

　もし、誰かを思い浮かべて、あんな人には何一つ優れているところがないと思うなら、傲慢な心が育っている証拠。

　口先だけで相手を褒めるのではなく、相手の優れているところから、学んでいこう。

日

みことばに照らし合わせて

人々が健全な教えに耐えられなくなり、耳に心地よい話を聞こうと、…自分たちのために教師を寄せ集め、真理から耳を背け、作り話にそれて行くような時代になる…あなたはどんな場合にも慎んで、苦難に耐え、伝道者の働きをなし、自分の務めを十分に果たしなさい。　　　　　[Ⅱテモテ4:3-5]

　信仰や希望、愛、救いとは、自分の都合で得られるものじゃない。神のことば、真理に従ってこそ与えられる。イエスは言う。「だが、人の子が来るとき、はたして地上に信仰が見られるでしょうか」(ルカ18:8)

「『主よ、主よ』と言う者がみな天の御国に入るのではなく…」(マタイ7:21)

　健全な教えとは、人間の都合が混じらない神の純粋な教え。心地良い話とは、神の忌み嫌われることさえも認め、すべてのものが救われるという偽り。

　あなたは、真理のことばから耳を背けてはならない。教師の言うことを、すべて鵜呑みにしてはならない。彼らの語ることばを、みことばと照らし合わせなければならない。あなたは少数派になる苦難を耐えなければならないだろう。しかし、主はあなたとともに立っているのだ。

11 日

祈りの最初のことばから

> ペルシアの国の君が二十一日間、私に対峙して立っていたが、そこに最高位の君の一人ミカエルが私を助けに来てくれた。私がペルシアの王たちのところに残されていたからだ。
>
> [ダニエル10:13]

　ペルシアの君は堕落した天使の一人だ。その抵抗によって、神さまはダニエルのところに来ることができなかった。ミカエルが来て助けてくれたので、21日間の後に、ダニエルに祈りの応えを届けることができたことがわかる。覚えておきたいことは、神さまが弱いから21日間かかったんじゃない。何らかの理由で、このことを神さまは許されていたことだ。あなたが祈る時、祈りの応えがすぐに与えられなくても、悩む必要はない。

　神さまは、あなたが誠意をもって祈っているのか、恵みに感謝しているのか、祝福されても、神さまから離れないかを見ておられるんだ。神さまはあなたの祈りの最初のことばから、聞いてくださっている。

　だから、期待して祈り続けよう。

日

犠牲のない収穫はない

> 牛がいなければ飼葉桶はきれいだが、豊かな収穫は牛の力による。　　　　　　　　　　　　　　　　　　　　　[箴言 14:4]

　牛を飼うことは簡単なことではありません。糞もしますし、飼料も食べます。牛を育てるには努力が必要なのです。飼い葉桶を清潔に保ちたいがために牛を追い出すなら、労力も問題も激減しますが、収穫量も激減するでしょう。私たちも何かを始める時に、失敗を恐れてしまったり、人に任せられることまでも、自分でしてしまうことはありませんか。トラブルも問題も起こらないことが一番かもしれません。

　しかし、私たち個人の働きには限界があります。何かを成し遂げたいなら、少なからずリスクは発生するのです。リスクのないチャレンジなど、あり得ません。

　神に信頼して、努力を惜しまず価値あることのために挑戦していきましょう。あなたに神からの豊かな成果が与えられますように。

日

限りのある生涯

> 主は私のたましいを生き返らせ／御名のゆえに　私を義の道に導かれます。
> [詩篇23:3]

　主は、あなたのたましいを生き返らせてくださる方。あなたを元気になるように、力づけてくれます。あなたが神のところへ行くなら、神はあなたに新たな力を与えられるのです。

　あなたは今、疲れていますか、悩んでいますか。誰でも、心が疲れることはあるものです。しかし、落ち込むことはありません。あなたが主とともに義の道を歩むなら、あなたは生き返るのです。

　導きはつねに導く側から、導かれる相手に与えられます。導き手は優秀で、人格者です。それとは別に、導かれる者の心は素直である必要があります。

　神の導きをあなたが受け入れるなら、神は絶えず、あなたに恵みを与え、限りのある生涯を、余すことなく充実させるでしょう。

心を主に向け、主にのみ仕えなさい

> サムエルは…言った。「もしあなたがたが、心のすべてをもって主に立ち返るなら、あなたがたの間から異国の神々やアシュタロテを取り除きなさい。そして心を主に向け、主にのみ仕えなさい。そうすれば、主はあなたがたをペリシテ人の手から救い出してくださいます。」　　　　[Ⅰサムエル7:3]

　ひとりで悩むのはつらい。人に相談しても解決しないことも多い。心の中の想いは、ことばにすることが難しいよね。そもそも、人に解決を求めること自体が間違っているかもしれない。なぜなら、その人も同じように悩んでいる人間だから。あなたが、神さまとの関係を妨げるすべてを捨てて主に立ち返るなら、神さまは、あなたが抱えている困難から救い出してくださる。

　大切なことは心のすべてをもって、主に立ち返ること。そうすれば、神さまにしかできない方法であなたを救い出してくれる。

　あなたはもう十分頑張ったんだ。だから、主を慕い求め、そして、心を主に向けよう。あなたが心を決めて祈るなら、神さまは必ず応えてくださるんだ。

15 日

奇跡、大好きな人へ

> イエスは彼に言われた。「行きなさい。あなたの息子は治ります。」その人はイエスが語ったことばを信じて、帰って行った。
>
> [ヨハネ4:50]

　みんな奇跡が大好き。メッセージや証しの中で語られる奇跡は、とても心を打たれるし、励まされる。でも、祈りの中で神さまに対して、こうしてほしい、こうあってほしいばかりでは危険。なぜなら、奇跡ばかり期待して、みことばを忘れているから。

　聖書を見ると、民衆は奇跡を求めている。それは悪いことじゃないかもしれない。でも、神さまが望んでおられることは、イエスのことばを信じること。

　あなたは、みことばを信じている？　あるいは奇跡を求めている？　奇跡が起きなければ、信じない信仰は、神さまの喜ばれる信仰じゃない。

　奇跡が起こってから信じるのは、信仰じゃない。奇跡が起こる前に、イエスのことばを信じてこそ、信仰と言えるんだよね。

16 日

神のことばが臨む時
<small>のぞ</small>

> これらの出来事の後、**主**のことばが幻のうちにアブラムに臨んだ。「アブラムよ、恐れるな。わたしはあなたの盾である。あなたへの報いは非常に大きい。」
>
> [創世15:1]

神さまを信じるってどういうこと？ それは、神さまのことばが臨み、そのことばを信じること。アブラム改めアブラハムは、主を信じた。無理・不可能・期待できない…。すべてのネガティブな思いを超えて、神さまを信じたんだ。そうしたら、どうなったのか…。アブラハムは義と認められて、信じた通りになったんだよね。

これはあなたにも起こること。あなたは、そのことを信じますか？ あなたに臨んだ神さまのことばは、神さまとあなただけのもの。

だから恐れなくていい、なぜなら神さまがあなたの盾だから。無理だって思うことが山ほどあっても、与えられたみことばを握っていこう。確信を捨ててはもったいないよ。きっと神さまは、あなたに臨んだみことばを、成し遂げてくださるから。

17 日

友人関係

> 思い違いをしてはいけません。友だちが悪ければ、良い習慣がそこなわれます。　　　　　［Ⅰコリント15:33 新改訳第三版］

　一緒にいたら得をするとか、このグループで認められたいとか、自分の見栄ばかりを考えて、人と行動する人がいる。友人関係は自由で、どんな形があってもいいと思う。でも、その人たちから何かしら学ぶことや、得られることがなければ、残念な関係。良い友人関係は、相手の価値観を尊敬し、相手もあなたの価値観を尊敬するもの。

　一方、あなたを低く見たり、都合の良い時だけ関わってくる人なんて、本当の友とは言えない。ギクシャクした悪循環を生み出す関係より、好循環を作り出せる友達と関わろう。

　そんな友達との関係からは、相乗効果が生まれ、お互い良い習慣に生きることができるんだ。

日

見えない信仰を、見える行いに

....

> しかし、「ある人には信仰があるが、ほかの人には行いがあります」と言う人がいるでしょう。行いのないあなたの信仰を私に見せてください。私は行いによって、自分の信仰をあなたに見せてあげます。　　　　　　　　　　[ヤコブ2:18]

　信仰と行い。これって、相反するものって思われがち。でも信仰と行いは表裏一体なんだ。確かに、行いによって人は救われない。ただ、神さまを信じる信仰によって救われる。でも、救いを受けたその瞬間から、神さまと生きる新しい生き方がスタートする。それには行いが伴う。行いって聞いてアレルギー反応を起こしていたら、ちょっと行きすぎた理解かもしれない。

　だって、お金が欲しいと言って働かなかったり、やるべきことを知っていて、やらなかったりしたらおかしいでしょ?

　救われた者としての生き方。それには神さまに喜ばれることを、率先して行うことが必要なんだ。

　その歩みには、忍耐が必要。

　でも、あなたならきっとできるよ。

⑲ 日

私たちの大祭司

> 私たちの大祭司は、私たちの弱さに同情できない方ではありません。罪は犯しませんでしたが、…私たちと同じように試みにあわれたのです。ですから私たちは、あわれみを受け、また恵みをいただいて、折にかなった助けを受けるために、大胆に恵みの御座に近づこう…。　　　　［ヘブル 4:15,16］

　あなたは、誰かのために全力で尽くしたことがある? 好きな人にも嫌いな人にもできる?　あるいは好きな人であったなら、ある程度はできるかもしれない。それでも、本当に相手の必要を満たすことはとても難しい…。なぜなら、あなたにも弱さがあるから。つまり、あなたの力には限界があるんだ。

　イエスは罪を犯さなかった。しかし苦しみや悲しみ、孤独、痛み、誘惑など、それらすべてのすべてを体験したから、どんな人の心も知っている。だから、すべての人の弱さに同情することができるんだ。

　もし、あなたが今試練にあっているなら、自分を責めないようにしよう。なぜなら、イエスはあなたの弱さに同情できない方ではないから。あわれみと恵みを受けて、大胆に一歩踏み出して行こう。

あるがままに

> 空の空。伝道者は言う。空の空。すべては空。　　［伝道者1:2］

　私たちが生きる地上には、永遠に続くものはありません。人は生まれれば、やがて死ぬのです。始まりがあれば、終わりがあります。私たちが良いと思えることや、悪いと感じることなど、たくさんのことが起こります。けれども時が経つと、それらのことは忘れ去られていくのです。人の思う良いことも悪いことも、そう長続きはしません。

　ですから今起きていることに対して、白黒はっきりさせようと焦らなくてもいいでしょう。何と言っても、すべての良いことは天におられる神さまのところにあるのです。

　そうであるならば、人のせいにしたり自分を責めたりするのではなく、今起きていることは必要な経験として与えられているのだと、信じていきましょう。

21 日

すべてのことができる神

> あなたには、すべてのことができること、どのような計画も不可能ではないことを、私は知りました。　　　[ヨブ42:2]

　神は天と地を、宇宙のすべてを創られた。人を創り、獣を創り、すべての生き物に命を与え、またそれを取られる。大自然を思いのままに動かし、権力者も神の前にはないようなもの。さらには、サタンとか悪霊とか呼ばれる存在も、神には太刀打ちできない。

　ただ、ただ一つ困難なことは、人を愛し導くことだろう。神は人を愛するが、人は神の愛を拒むから。

　そんな私たち人間のために、イエスはゲツセマネで苦しみ、十字架であなたのために死なれたのだ。

　あなたがどんなに大きな罪を犯しても、神はあなたを赦し、愛される。

　あなたをどんなことからも、救うことができる神さまなんだ。

日

老人はみな不幸?

> あなたの若い日に、あなたの創造者を覚えよ。わざわいの日が来ないうちに、また「何の喜びもない」と言う年月が近づく前に。
>
> [伝道者 12:1]

　老人はみな不幸?　そんなことはない。何の喜びもない年月＝老人ではないよ。老人だって幸せな人はたくさんいるし、若いからって、みんな幸せだとは限らない。

　「あなたの若い日に、あなたの創造者を覚えよ」とは、若い頃から本当の神さまと出会うことをしないなら、何の喜びもない年月を送ることになるっていう意味。

　神さまと出会うタイミングは人それぞれだけど、早いに越したことはない。だって、その分だけ長く神さまとともに歩めるから。あなたのすべてを知っている神さま。出会ったその日から、愛が注がれていることを、毎日知ることができる。あなたには、幼い時代もあったけど、あなたが一番若いのは、今なんだ。

　だから今、神さまを覚えよう。

23 日

ちょっと遠くの人

······················

> 嘲る者を叱るな。彼があなたを憎まないために。知恵のある
> 者を叱れ。彼はあなたを愛する。　　　　　　　［箴言9:8］

　言ってもわからない人に、何かを言ってもしょうがない。それって人を変えようとしているんだよ。いくら頑張っても、変えられるのは自分だけで、人は変えられない。ことにあなたを見下しているような相手に、何かを言うことすら時間がもったいない。

　だって、最初からあなたのことを、心から排除しているのだから。残念だけどそういう人っているし、そんな人に話すと、余計ごちゃごちゃになるんだ。

　その人のことは、ちょっと遠くで見ていよう。もし、あなたが誰かに助言をしようと思ったら、成長を望む賢い人にしよう。

　そうすれば、あなたもその人も幸せになれる。誰だって成長することに、喜びを覚えるからね。

日

つまずかないあなたへ

> あなたのみおしえを愛する者には／豊かな平安があり　つまずきがありません。
>
> ［詩篇119:165］

　つまずきって、いつでも起こる。誰だって失敗はするし、つねに正しくいられる人はいないから。誰でも浮き沈みがあるし、いつも心が安定しているわけではないから。失敗を恐れていたら何もできないけれど、人に迷惑もかけたくないよね。

　でも、あれこれ気をつけて生きるってとても大変。過度にいろいろ気を遣っていると、窒息死する。

　聖書は、神さまの教えを愛していれば、つまずかないと言っている。

　愛するって、良い表現。完璧にみことばを行うことって、きわめて困難。

　だけど、みことばを愛することって、誰にでもすぐにできること。みことばを愛するとき、あなたには平安が与えられ、つまずきから守られるんだ。

25 日

貧乏くじから、特等席へ

> 兵士たちが出て行くと、シモンという名のクレネ人に出会った。彼らはこの人に、イエスの十字架を無理やり背負わせた。
>
> ［マタイ27:32］

　無理やりに背負わされた十字架。田舎から出てきたシモンにとっては、災難だった。

　そこにいただけで、罪人が背負う十字架を背負わされたからだ。しかも無理やりに。他にも人は、もっとたくさんいたはずなのに、みんなイエスが背負う十字架から遠ざかっていたんだろう…。

　イエスは言われる。「自分を捨て、日々自分の十字架を負って、わたしについて来なさい」って。あなたには、半ば無理やりに背負わされた十字架が、あるかもしれない。

　でも、そこは一番イエスさまの近く。神さまの働きが、間近で見られる特等席。あなたはその場所で、神さまの栄光に照らされるよ。

26 日

窮する者の祈りをないがしろにはしない

なぜなら　主はシオンを建て直し／その栄光のうちに現れ／窮した者の祈りを顧み／彼らの祈りをないがしろにされないからです。　　　　　　　　　　　　[詩篇102:16,17]

　窮地に立たされ、誰も助けてくれない。そんな、絶望的な状況に追い込まれたことがある。想定外が重なって、あっという間に身動きの取れない状況。その中に置かれた時、あなたはどうする？　周りの人は、この悪い状況を誰かのせいにするかもしれない。

　もし、あなたが自分の無力さを感じ、絶望したとしても、神さまがいなくなったわけじゃない。神さまの助けが遅すぎることもない。だから、あなたはどんな窮地に立たされたとしても、神さまに頼るんだ。そうするなら、その祈りは答えられる。

　神さまは、窮する者の祈りをないがしろにはしない。短い祈りでもかまわない。その祈りに答えてくださる。

　どんな時でも、神さまに期待して祈ろう。

27 日

砂糖たっぷりのカフェオレクリスチャン

> むしろ、私は自分のからだを打ちたたいて服従させます。ほかの人に宣べ伝えておきながら、自分自身が失格者にならないようにするためです。　　　　　　[Ⅰコリント9:27]

　朝、11時30分。良い目覚めだ。砂糖たっぷりのカフェオレを飲む、朝の時間は天国を彷彿(ほうふつ)させる。食べたい時に食べ、起きたい時に起きる。楽しいことで生計を立てる生き方は、無駄な努力を未然に防ぐ。頑張って摩耗(まもう)するより、自分らしさを見つけたらいいじゃないか…。

　こんな生活をしているプロボクサーはいない。このボクサーは、間違いなく弱い。

　信仰生活も同じ。クリスチャンと言っても、何の節制もなく世の中に浸かっている。危うい。

　パウロは、失格者にならないように体を打ち叩いて神に従う。なかなか大変。でも、それをするなら神さまはあなたに近い。

　きっと、神さまはあなたを親友として、扱ってくれるよ。

あなたの信仰が祝福される

> 信仰がなければ、神に喜ばれることはできません。神に近づく者は、神がおられることと、神がご自分を求める者には報いてくださる方であることを、信じなければならないのです。
>
> [ヘブル11:6]

　成長するって、とても嬉しい。ことに信仰の成長は、神さまが目を留めて喜んでくれる。神さまに認められるために信仰生活を送るんじゃなくて、神さまに認められているからこそ、信仰に生きるんだよね。

　同じ神さまを信じていても、生き方の違いがあるのは、信じ方に違いがあるからなんだ。

　あなたが神さまを信じつづけるなら、信仰によって祝福される。あなたは、神さまを信じるなら祝福されると信じている？　聖書に出てくる信仰者たちは、決して人格者ではなかった。それでも神さまは彼らをこの上なく祝福してくださった。

　だから、あなたは神さまの御声を聞いて、神さまに示されたことを大胆にチャレンジし続けよう。

29日

神さまを求める時間に変える

> あなたがたのうちだれが、心配したからといって、少しでも自分のいのちを延ばすことができるでしょうか。こんな小さなことさえできないのなら、なぜほかのことまで心配するのですか。
>
> [ルカ12:25,26]

心配している時って、体が重く感じたり、息苦しかったり、いろんな症状が出てくる。だけど、いくら心配したからといって、状況が変わるわけじゃないんだよね。

むしろ、生きる喜びが奪われてしまって、楽しいことさえも気づけなくなるんだ。

神さまにとっては、人の命を延ばすことだって、訳なくできる。

人にはできないことなんだけどね。だから、あなたが心配しているその時間を、神さまを求める時間に変えていこう。

そうすれば、神さまはあなたに、必要なものをすべて満たしてくれるよ。

君ならぜったい大丈夫

だが今、**主**はこう言われる。ヤコブよ、あなたを創造した方、
イスラエルよ、あなたを形造った方が。「恐れるな。わたしが
あなたを贖ったからだ。わたしはあなたの名を呼んだ。あなた
は、わたしのもの。　　　　　　　　　　　　　　[イザヤ 43:1]

　人は保証がほしいもの。今やっていること、考えて
いることすべてにだ。「君なら大丈夫!!」「絶対できる
よ!!」。そんなことばを誰かに言ってもらえたなら、どれ
だけ励まされるだろう。でも、そんなことを言ってくれる
人は実に少ない。薄っぺらい説教はできても、責任を取
ることを恐れて、人を励ますことができない。堅苦しい
説明、それでは誰も救われないんだ。

　だけど私たちの神は違う。私たちが負うはずの罪から
来るさばきを受け、十字架で命を捨てた。そして、あ
なたの名を呼び、神のものとしてくださる。成功も失敗
も含め、受け入れてくださっている。「君なら大丈夫!!」
「絶対できるよ!!」、神はあなたにそう語っている。神が
あなたとともにいて、すべてを保証してる。信頼して、神
の愛に飛び込もう。

31 日

教会に生きる喜び

まことに、もう一度あなたがたに言います。あなたがたのうちの二人が、どんなことでも地上で心を一つにして祈るなら、天におられるわたしの父はそれをかなえてくださいます。二人か三人がわたしの名において集まっているところには、わたしもその中にいるのです。」　　　　　　[マタイ 18:19,20]

　教会に生きることは喜び。私たちが集まる時、神がその中におられる。あなたは教会に行くことを面倒に思い、おっくうになったことがあるかもしれない。

　教会の中で、思い通りにいかないこともあっただろう。しかし、考えてみてほしい。あなたが今まで神に守られてきたことを。教会に行かなければならないのではない。神は教会に、あなたを招いている。教会で語られる神のことばによって、あなたは生かされている。あなたは教会に生かされているのだ。

　神に呼び集められた一人ひとりを大切にしよう。二人でも三人でもイエスの御名によって集まるところに、神はおられるから。

　そして、何よりもその中におられる神とともに生きよう。

11 月

November

1 日

私は福音のためにあらゆることをしています

> 競技をする人は、あらゆることについて節制します。彼らは朽ちる冠を受けるためにそうするのですが、私たちは朽ちない冠を受けるためにそうするのです。ですから、私は目標がはっきりしないような走り方はしません。空を打つような拳闘もしません。
>
> [Ⅰコリント9:25,26]

　パウロには「福音のためにあらゆること」をする決意があった。そんなパウロを、人は褒めたりけなしたりした。彼は人の批判や褒めことばに、心を留めなかった。「節制する」とは目的に集中すること。キリストに集中するパウロは、脇目も振らずに進む。恐れ迷う時間を、多くの人がもったいないと思ってる。でも、多くの人がそれをしているんだ。批判者なんて恐れるな。誰にもあなたを止めることはできない。警戒すべきは内なる批判者、あなた自身だ。現状維持の保身的な考えでは、すべてが衰退してしまう。失敗したらダメなんてことはない。失敗するから成功がある。

　キリストに焦点を定めたなら、あとは進むだけ。あなたは「福音のためにあらゆること」ができる。あなたは、神がともにおられることを知る。

2 日

苦しみの理由

> 私は知っている。私を贖（あがな）う方は生きておられ、ついには、土の
> ちりの上に立たれることを。　　　　　　　　　[ヨブ19:25]

　ヨブは裕福な者であった。しかし、子ども、財産を一
瞬にして失った。やり場のない怒り、悲しみが、彼に突
然襲いかかった。友人は心ないことばを浴びせ、ヨブ
は、神に見捨てられたのだろうか…と葛藤する。神を恐
れる者であれば、誰もがそう思うだろう。

　苦しみの理由がわからない。心の中で「なぜ」と問
う時がある。しかし、あなたは知っている。あなたを贖
う方は生きておられる。あなたの神は生きておられるの
だ。神は、あなたの苦しみを知り。必ず贖う方。誰かが
あなたを責めようとも、あなたが、あなた自身を責めよう
とも、神はあなたをとりなし、弁護する。

　あなたの苦しみは、苦しみでは終わらない。必ず祝福
となるのだ。思い煩（わずら）いすぎることなく、迷いすぎることな
く、神の時を待ち望もう。

3 日

兄弟姉妹
·····················

> このキリストを通して、私たち二つのものが、一つの御霊（みたま）によって御父に近づくことができるのです。こういうわけで、あなたがたは、もはや他国人でも寄留者でもなく、聖徒たちと同じ国の民であり、神の家族なのです。　　　　　[エペソ 2:18,19]

　兄弟姉妹って、教会でよく言われる。実際は血がつながっていないのに、そう呼ばれるんだ。

　その呼ばれ方に、あなたはどう思うだろうか？　嬉しい？　それとも、ちょっと煙たいな…なんて思うかもしれない。もし、その呼び方がうっとしいと感じているなら、あなたは恵まれている。本当の孤独を味わったことがないんだと思う。

　以前、ストリートチルドレンと関わったことがある。その子たちは、捨てられたり、逃げ出したりと様々だった。みんな孤独を抱えているのに、明るく元気に暮らしていた。兄弟姉妹みたいに助け合っていたんだ。血のつながり以上に強い絆を、神さまは与えてくれている。

　キリストを愛する者に隔（へだ）ての壁はない。神の家族を大切にしよう。

神が祝福すれば足りないものはない

> 弟子たちは言った。「ここには五つのパンと二匹の魚しかありません。」　　　　　　　　　　　　　　　[マタイ14:17]

　5000人の給食、言わずと知れたキリストの奇跡。この時、弟子たちは何を見、また考えたのか。イエスはヨハネの死を悲しみ、舟でひとりさびしいところへ…。

　その後イエスは群衆を見てあわれみ、病人たちを癒やしはじめる。癒やされた人々は、歓喜し神をほめたたえる。弟子たちは心焦っていた。こんなに盛り上がってしまったら、みんな帰らないし、分け与える食べ物もない。イエスはそんなことなどお構いなしに「あなたがたが食べる物をあげなさい」とキラーパス（笑）。弟子たちは、5つのパンと2匹の魚しかないと考えた。

　しかし、イエスはそれを祝福してすべての人に食べ物を分け与えたのだ。あなたが○○しかないと思ったとしても、神が祝福すれば足りないものはない。

⑤ 日

走り続けるべきは信仰の道

> こういうわけで、このように多くの証人たちが、雲のように私たちを取り巻いているのですから、私たちも、一切の重荷とまとわりつく罪を捨てて、自分の前に置かれている競走を、忍耐をもって走り続けようではありませんか。　[ヘブル12:1]

いつものリビング。いつもの通学路。いつもの教室。そして、いつもの顔ぶれ。日常は変わらない…。

あなたは日常に何を求めているだろうか。

アブラハムは、神のことばを聞き、住み慣れていた居心地の良い環境を捨て、行き先を知らずに旅に出た。彼は神の祝福を信じ、祝福から祝福へと導かれていった。

もし、あなたが信仰に歩むなら、日常は「いつもの」ことにはならない。あなたの信仰の道は祝福に満ちている。アブラハムと私は違うと、あなたは思うかもしれない。しかし、心配することはない。なぜなら、神があなたを祝福するのであって、あなたの信仰が、祝福を生むのではないからだ。

アブラハムを祝福した神は、あなたをつかんで離すことはない。

日

自分のことばかり考えていたら…

> 「このように労苦して、弱い者を助けなければならないこと、また、主イエスご自身が『受けるよりも与えるほうが幸いである』と言われたみことばを、覚えているべきだということを、私はあらゆることを通してあなたがたに示してきたのです。」
>
> [使徒20:35]

　労苦して弱い者を助けること、受けるよりも与えること、つまりそれは、自分のことばかり考えないことです。自分の話ばかりしたり、人から奪い、批判し、都合よく責任から逃げるなら、あなたは次第に自分自身でいることさえ、できなくなるでしょう。いつしか、誰も助けてくれない！　理解してくれない！と腹を立てるなら、支援されることを当然と考えているのです。あなたが相手より自分を優先するなら、それは神に喜ばれることではないのです。なぜなら、私たちの神は、私たち罪人にさえご自身の命をお与えになるからです。

　あなたが他者の気持ちに立って与え、貢献するなら、神から多くを受けるでしょう。

　受けるよりも与えるほうが幸いなのです。

7 日

あなたは成し遂げられる

> **主**は私のためにすべてを成し遂げてくださいます。／**主**よ
> あなたの恵みはとこしえにあります。／あなたの御手のわざを
> やめないでください。　　　　　　　　　　　　［詩篇138:8］

　あなたに与えられたみことばは、神があなたと約束さ
れたこと。主はあなたに語ったことばを、忘れることはな
い。あなたの内に良い働きを始めてくださった主は、そ
れを完成させてくださる。あなたが進む道は平坦ではな
いだろう。山があり、照りつける太陽があり、大風があ
る。主が、あなたとともに立っているのだから、たとえ死
の陰の谷を歩むことがあっても、恐れるな。目には見え
ないお方が、目に見える以上の確かさをもって、あなた
を導く。

　もし、あなたに諦めようとする思いがあるなら、その理
由を考えてほしい。すべてを成し遂げてくださる方がいる
あなたに、諦める理由などないはずだ。主の恵みはとこ
しえにあり、神の御手のわざは休むことはない。あなた
が抱える重荷を、主はともに負ってくださる。

あなたは、多くの実を結ぶ

....

> わたしの枝で実を結ばないものはすべて、父がそれを取り除
> き、実を結ぶものはすべて、もっと多く実を結ぶように、刈り
> 込みをなさいます。 [ヨハネ15:2]

　刈り込みの目的は、失格者を切り落とすためじゃな
く、多くの実を結ばせるためなんだ。実を結ばない枝を
放っておくなら、栄養が不十分になり、実まで届かな
い。そうなると、ぶどうの木ではあっても、残念ながら
ぶどうの実が実らなくなる。神さまはあなたに、愛、喜
び、平安、寛容、親切、善意、誠実、柔和、自制の
実を実らせることを願っている。

　あなたには誰かに対して怒りや憎しみ、あるいは苦々
しい思いはある？　そんな思いを放っておくなら、毒々し
いまずい実が実ってしまうかもしれない。でも、いったん
悪いほうに考えてしまうと、なかなか気持ちをもち直せな
いよね。だから、神さまに心のすべてを打ち明けて、苦
い思いを刈り取ってもらい、美味しい実を実らせてもらお
う。

❾ 日

死を怖れ、喜びと楽しみを失わないように

たとえ私たちの地上の住まいである幕屋が壊れても、私たちには天に、神が下さる建物、人の手によらない永遠の住まいがあることを、私たちは知っています。 ［Ⅱコリント5:1］

お母さんのお腹の中のことって覚えている？ たまーに、お腹の中の記憶を話す人もいるよね。赤ちゃんの中には、現代社会は忙しいから生まれてきたくない！ なんて子もいたかもしれない（笑）。

でも、お腹の赤ちゃんは時が経つと生まれてくる。そして、母親のお腹から出て、新しい世界の生活が始まり…。生まれてきた人間は、時が経つと肉体（天幕）が衰え壊れ、やがて死ぬんだ。

あなたは、死ぬことが怖い？ イエスさまを信じているあなたにとって、死は新しい世界へ移ること。

そこには、神さまがあなたに与える建物があり、永遠の住まいがあるんだよね。だから死ぬのを怖れて、喜びと楽しみを失わないようにしよう。

静まって神の時を待つ

> ヨシュアは民に命じた。「あなたがたはときの声をあげてはならない。声を聞かせてはならない。口からことばを出してはならない。『ときの声をあげよ』と私が言うその日に、ときの声をあげよ。」
> [ヨシュア6:10]

　イスラエルの民は7日間沈黙を守り、城壁の周りを歩き続けました。彼らは戦いを前にして、黙って神の指示に従いました。おそらくエリコの人々は、城壁からイスラエルの民を見下ろし、笑っていたことでしょう。

　主の前に静まることは、なんと困難なことでしょう。静まって神を信頼することには、忍耐が必要です。忍耐のなかで私たちは練られ、成長し成熟します。「立ち返って落ち着いていれば、あなたがたは救われ、静かにして信頼すれば、あなたがたは力を得る」（イザヤ30:15）からです。

　心の恐れ、不安は、絶え間なく私たちの心の中を駆け巡ります。しかし、それらのことで心を支配されてはいけません。

　大胆に主の前に静まりましょう。

11 日

あなたは人の希望

> ですから、人からしてもらいたいことは何でも、あなたがたも同じように人にしなさい。これが律法と預言者です。
>
> [マタイ7:12]

　人に親切にするって勇気がいる。したところで、してもらえるとは限らないし、裏切られる時だってある。そう…親切にしたいと思ってもなかなかできない、してもらえない。でも、こんなのでいいのかな? 愛されたら愛そう、受けたら与えようなんて考えてたら、多分ずっとできないよ。聖書は逆を言っている。与えたら受けるって。あなたが人に愛を注ぐなら、きっと愛されもするんだ。だから待たないで、あなたから始めるんだ。それは、人に希望を与えることにもなり、不思議と、あなたまでもが希望をもつことになる。もちろん与えた以上のものを、いろいろと受けもする。あなたが、人からしてもらいたことをするなら、あなたは人の希望になる。そんなあなたを見ている神さまから、すべてを受けるよ。

あなたの涙は希望に変わる

> イエスが町の門に近づかれると、見よ、ある母親の一人息子が、死んで担ぎ出されるところであった。その母親はやもめで、その町の人々が大勢、彼女に付き添っていた。主はその母親を見て深くあわれみ、「泣かなくてもよい」と言われた。
>
> [ルカ7:12,13]

　夫に先立たれ、一人息子を亡くす。不幸に不幸が重なり、先行きが見えない。愛する者の死。これ以上の絶望はないだろう。死は理不尽に私たちを打ちのめす。人間は死に打ち勝つことも、逃れることもできない。死はどこから来たのか。それは一人の人、アダムから世界に罪が入り、罪によって死がもたらされた。

　人は死んだら終わりではない。死後にさばきがあると聖書は語っている。とても厳かなことばだ。

　しかし罪赦された者は、永遠の希望、死んでも生きるいのちを与えられる。あなたには、天国の確信があるか。

　もしイエスを信じているなら、疑う理由はない。大勢が悲しんでも、絶望に打ちひしがれたとしても、やもめの息子のように、あなたは永遠に生きる。

13 日

神さまの誠実さを見るように

> **主**に信頼する者に祝福があるように。その人は**主**を頼みとする。
>
> [エレミヤ17:7]

　頼ったら負けとか、頼る人は弱いとか。そんな勘違いをしている人たちがいる。人は頼り合ってこそ生きられるのに、何か一人で生きているように思っているのは傲慢だ。誰でも、迷ったり成すべきことを見失うことがある。いつの間にか神さまから離れてしまっても、慌てることはない。

　試練にはいろいろな種類がある。苦しみであったり、悲しさや孤独。ことばでは表せない思い。もし、その中で迷っているとしても、あなたは一人じゃない。そんな時は、祈りとみことばを握って、神さまを信じて頼ってみよう。そうすれば、よくわからない不安や、漠然とした寂しさから解放されるんだ。

　あなたが、神さまの誠実さを見るよう、お祈りしています。

相談しよう、そうしよう(2)

> 知恵のある男は力強い。知識のある人は力を増す。あなたは
> すぐれた指揮のもとに戦いを交え、多くの助言者によって勝
> 利を得る。　　　　　　　　　　　　　　　　[箴言24:5,6]

　インプットはとても大切。知識は身を助ける。ただ知
識を豊富に蓄えているだけじゃ、まだ足りない。それを
効果的に運用する知恵が必要。この知恵を成長させる
のは、なかなか難しい。失敗の経験でさえも必要になっ
てくる。「あ、やらかした!」と思ったとき、他者からのフ
ィードバックを受けるなら、知恵は育つもの。すぐれた神
があなたの指揮官。また神は、人間の指導官も与えるだ
ろう。

　すぐれた指揮官のもと生きることは大きな恵み。なぜな
ら、勝利に導かれるから。あなたの思いを神に向けさせ
る、その人こそ良き指揮官。また、助言者だ。その人に
相談を惜しんではならない。遠慮はいらない。そうすれ
ば、生きづらい思いが削ぎ落とされ、シンプルに踏み出
せる一歩が見えてくるんだ。

15 日

曲がった時代

> 私は知っています。私が去った後、狂暴な狼があなたがたの中に入り込んで来て、容赦なく群れを荒らし回ります。また、あなたがた自身の中からも、いろいろと曲がったことを語って、弟子たちを自分のほうに引き込もうとする者たちが起こってくるでしょう。　[使徒 20:29,30]

パウロは、福音の全体を余すところなく人々に伝えました。私たちも、福音を余すところなく伝える必要があるのです。神はすべての良きものを、私たちに備えてくださいます。救いを受けた私たちは、自分自身と教会に集まるすべての人に気を配りましょう。

そして、さまざまな人から聞こえてくる聖書の教えが健全であるかどうかを、みことばと照らし合わせ注意深く調べるのです。

なぜならみことばは、あなたがたを成長させ、すべての人々とともに、あなたがたに御国を受け継がせることができるからです。

教会とは、集まるすべての者が建て上げるところです。

ですから、あなたはみことばを心に刻み、曲がった時代にあっても、神とともに立ってください。

いや、その人、普通の人だから

....

> この地上に、正しい人は一人もいない。善を行い、罪に陥る
> ことのない人は。
> [伝道者7:20]

　有名な先生や牧師、何かを成し遂げた、いわゆる成功者みたいな人と話すのって緊張するよね。でも、それは錯覚なんだ。その人たちの中には、自分は偉いなんて、心秘かに思う人もいるかもしれないけど、その心も錯覚。だから、相手がいくら有名な人であっても、霊的な人だぁ！　とか偉大な人物だぁ！　とか、思い込み過ぎないほうがいい。そんな人たちであっても、欠点があったり、日和見的な面があったりする。薄情な部分もあれば、勇気がなかったり、頑固で傲慢な点も見え隠れするものだ。

　高い立場に置かれてるのは、神の恵みとあわれみの結果。みんな実質が伴わない、もと罪人。だから、どんな相手にも恐れず、謙虚に関わろうね。

17 日

あなたの顔を見たい

·····

> 兄弟たち。私たちは、しばらくの間あなたがたから引き離され
> ていました。といっても、顔を見ないだけで、心が離れていた
> わけではありません。そのため、あなたがたの顔を見たいと、
> なおいっそう切望しました。　　　　　　　　[Ⅰテサロニケ2:17]

　コリント宣教の忙しい状況の中で、パウロはテサロニ
ケの人々に手紙を書いている。パウロはどんな忙しい中
でも、どんなに離れていても、今まで関わった人たちの
ことを忘れていなかったんだ。彼は出会った人々のこと
を、親のような愛で愛し、訓練していた。人のケアをす
るなんて言ったりするけど、簡単じゃないよね。

　「心が離れない」って綺麗なことばだけど、良くも悪く
も負担になることがある。だから、人との関わりを一人
で抱え込まないほうがいい。誰かに相談できることならし
てほしい。

　もし、あなたが相談を受けたなら、そのことはあなたの
心に秘めておこう。相手を待っているんじゃなくて、願わ
くば会って話を聴くことができたらいいよね。

18 日

試練、長っ

> 「私たちの神のために宮を建てることは、あなたがたにではなく、私たちに属する事柄です。ペルシアの王キュロス王が私たちに命じたとおり、私たちだけで、イスラエルの神、主のために宮を建てるつもりです。」すると、その地の民は…脅して建てさせないようにした。
>
> [エズラ4:3,4]

　ゼルバベルとヨシュアは、神殿再建を託されたリーダー。敵であったサマリア人たちは、神殿再建を協力すると言ってきた。当然その申し出は断られたが、サマリア人たちは態度を豹変させ、イスラエルの人々を脅して妨害してきた。その結果、16年くらい工事が中断したんだ。「神殿再建なのに、なんでこんなに妨害されるの?」って思う。

　そう、信仰生活には戦いがあるんだ。妨げるサタンの働きは、しつこく長い。だから、少しばかりの試練や忍耐が生じることがあっても、動揺しないでいよう。苦しい時は、もっとまっすぐに、子どもみたいな素直な心で、神さまのことばを信じればいい。あなたの上には、神さまの目が注がれている。ゆっくりでもいいから、その道を歩こう。必ず神さまからの助けがあるから。

19 日

賛美歌歌ったら、涙が止まらない

詩と賛美と霊の歌をもって互いに語り合い、主に向かって心から賛美し、歌いなさい。　　　　　　　　　　［エペソ5:19］

　賛美にはいろいろなスタイルがある。聖歌、賛美歌、ワーシップソング。静かに歌うスタイルもあれば、両手をあげて賛美する人もいる。アフリカで見た賛美は、飛び跳ねて歌っていた。あなたはどのスタイルが好き？　それぞれ好きなスタイルで神さまを賛美すればいいのに、批判するのは残念だよね。批判されても、批判し返す必要はない。あの賛美は古いとか、新しい賛美は軽いとか、中には霊的じゃないとか（笑）。

　大切なことは、人を見て賛美するんじゃなくて、心から神さまだけを見上げて賛美すること。日本から離れて2年が過ぎた時、香港で日本語の賛美歌を歌ったら、涙が止まらなかったんだ。すべての歌詞や音が、心に刺さったんだよね。それまでは、賛美歌はテンポが遅いな〜なんて思ってたのに（笑）。

確信がもてたらいいね

> ある日を別の日よりも大事だと考える人もいれば、どの日も大事だと考える人もいます。それぞれ自分の心の中で確信を持ちなさい。
>
> [ローマ14:5]

　人をさばいている時点で、自分の考えに確信がない証拠。人のやってることに対して、いちいち口を挟む必要はないよ。人のことが目につく気持ちはわかる。確かに、あなたのさばきは正しい。でも、平安がないのはなぜだろう。相手のせい？ それとも自分のせい？ それとも、どちらのせいでもある…？

　覚えておいてほしい。正しいからといって、すべての許可を受けているんじゃないことを。正しさより、もっと大切なことがある。それは優しさであったり、神さまのいのちにつながることだったり。

　そして何よりも、あなたを神さまとつなげる信仰に、確信をもつことなんだ。

　その信仰を通して、神さまの愛を日々受けるなら、いつの間にか、人のことは気にならなくなるよ。

㉑日

これって逆じゃん!?
....

> 「心の貧しい者は幸いです。天の御国はその人たちのものだからです。悲しむ者は幸いです。その人たちは慰められるからです。」
>
> [マタイ 5:3,4]

「心の貧しい者は幸いです。悲しむ者は幸いです」って言うけど、これって逆じゃない!?

貧しいより、富んでいたほうがいいし、悲しんでいるより、喜んでいたほうがいい。みんな、一生懸命に働いて富を得たいと思っている。そのためなら、人を出し抜いたり、手柄の横取りさえもする。あるいは、自分なんて成功する能力もないって、悲しんだりするんだ。そう思うと、貧しい、悲しいほうが幸いなのかな。それで幸いだなんて言われても、やっぱり逆じゃないのって言いたくなる。

でも、なぜイエスはそれを幸いだと言われたのか。それは、わたし（イエス自身）が、どんな心境、状況、環境の中からでも、あなたを幸いにするってこと。つまり、イエスがあなたに幸いを与えるってことなんだ。

22 日

再び立ち上がり進め

> 「わたしのしもべモーセは死んだ。今、あなたとこの民はみな、立ってこのヨルダン川を渡り、わたしがイスラエルの子らに与えようとしている地に行け。　　　　　　　[ヨシュア1:2]

　ヨシュアに言い渡された「立ってヨルダン川を渡って行け」との命令は、大きなチャレンジ 。

　なぜなら、イスラエルの民の不信仰によって、40年も前から保留になっていた約束の地に入る計画が再スタートしたことを意味しているから。

　それに加えて、イスラエルの民は頑固で、なかなか神さまのことばを聞き入れないんだ。

　さらに、時期もよくなかった。というのも、この時期は刈り入れ時で、ヨルダン川の水はあふれていたから。

　ところが、神の箱を担ぐ祭司たちの足が水際の水に浸るやいなや、川上から流れ下る水が立ち止まったんだ。

　あなたも信仰をもって一歩踏み出すなら、神さまが奇跡を起こしてくださるよ。

23 日

率先して行動した者にしか見えない景色

> 私のうちで　思い煩いが増すときに／あなたの慰めで私のたましいを喜ばせてください。　　　　　　　　　　［詩篇94:19］

　勇気をもって行動しても、問題がなくなることはない。進めば問題や課題が出てきて当たり前。でもそれは、率先して行動した者にしか見えない景色なんだ。

　恐れて同じ場所に留まる人の思い煩いとは違う。成長する人の、思い煩いなんだよね。

　生きていれば、思い煩うことは誰にでもある。それならいっそのこと、成長につながることで悩んでいよう。すべてが行き詰まったような、そんな思いになるかもしれない。

　でも、あなたは前進できる。神さまが、あなたとともにいるのだから、あなたには、諦める理由はないはずだ。思い煩う中で、神さまからの励ましに満たされ、喜びにあふれるよ。

　だから、率先して神さまの召しに応えよう。

心苛立つ時
いらだ

> 軽々しく心を苛立たせてはならない。苛立ちは愚かな者の胸
> にとどまるから。　　　　　　　　　　　[伝道者7:9]

　怒り、悲しみ、孤独、そんな思いが心を苛立たせる。
苛立ちは焦りと似ている。何かについて焦りを覚える
と、心が苛立つ。思うようにいかない、結果が出ない、
先行きが見えない。そう思うと、心が苛立つんだ。

　それはいつの間にか、神さまよりも心の苛立ちを信じ
てしまっている証拠。みことばの約束よりも、自分の抱い
ている思いのほうが正しいと錯覚してる。

　だけど神さまは、あなたのすべてを知ってるんだよね。
神さまは、あなたにピッタリな将来を与えようとしている。

　それだけじゃなくて、多くの実を結ばせてくださるん
だ。

　だから心苛立たないよう、静かに祈ろう。神さまは必
ずあなたを祝福してくださるから。

25 日

苦しみから、神に近づく

> **主よ** あなたの御名(みな)のゆえに私を生かし／あなたの義によって／私のたましいを苦しみから助け出してください。
>
> ［詩篇143:11］

　サムエルから王位継承の油注ぎを受けたダビデは、すぐには王になれなかった。彼は王になるどころかサウル王に嫉妬され、追われる身となったのだ。王になるとは思えないほどの試練だっただろう。

　私たちはすべてが予想通りに、順調に進むことが善いと思う。しかし、それが神の最善でないことがある。私たちがみこころに歩む時、そこには罠や困難が待ち構えていて、しばしば苦しみを通るものなのだ。

　神はそれを想定している。苦しみは、あなたの背中を押す。押し出されたあなたは、どこへ向かうだろうか。

　もし、あなたが試練の中で神に向くなら、神に近づく追い風となる。そうすれば、苦しみはあなたを練り、新たにつくりかえる糧(かて)となる。

　神はあなたを生かし、苦しみから救う。

愛されるために頑張るな

> あなたは、あなたの神、主の聖なる民だからである。あなたの
> 神、主は地の面のあらゆる民の中からあなたを選んで、ご自
> 分の宝の民とされた。
>
> [申命7:6]

　数ある民の中から、神さまはイスラエルの民を選ばれた。そして、ご自分の宝の民とされたんだ。神さまはイスラエルの民を、恋い慕っていた。その理由は、彼らに何か特別に輝くものがあったからじゃない。

　事実彼らは、強いわけでもなく、従順なわけでもない。文句も言えば、逆らうことだってする。どちらかというと、とっても頑固で聞き分けのない民。お世辞にも、「宝の民」だなんて言えない。だけど彼らは間違いを犯しても、神さまの熱心さによって、神さまを畏れ敬う民だった。

　だからあなたは愛されるために頑張る必要はない。神さまの熱心な愛によって、あなたは神さまの宝となる。神さまはイスラエルの民を愛したように、あなたにも熱心に愛を、注ぎ続けてくださるんだ。

27 日

神さまから喜ばれるおくりもの

> 人に見せるために人前で善行をしないように気をつけなさい。そうでないと、天におられるあなたがたの父から報いを受けられません。　　　　　　　　　　　　　　　　　　　[マタイ6:1]

　人に見せるために、人前で自分の善い行いを見せる必要はない。だって大切なことは、善く見られることじゃなくて、善く生きることだから。神さまはあなたの心の動機を見ている。だから、人に善いことをしても、人から見返りを求めないようにしよう。

　あるいは、偽善者と言われるのを恐れて、善い行いを躊躇しないようにしよう。

　すべてのことを、神さまにささげていこう。

　見返りを求めない善行こそ、神さまに喜ばれるおくりものになる。

　そうすれば、人の目よりももっと神さまの眼差しを感じる。そればかりか、あなたは神さまから、祝福されるんだ。

日

余生クリスチャン

> 主は、ある人たちが遅れていると思っているように、約束したことを遅らせているのではなく、あなたがたに対して忍耐しておられるのです。だれも滅びることがなく、すべての人が悔い改めに進むことを望んでおられるのです。
>
> [Ⅱペテロ3:9]

　福音の恵みを一身に受け、天国行きのチケットをしっかり握る。機会があれば伝道して、気分が乗れば賛美する。信じてくれそうな人と仲良くして、そうじゃない人とは、ほどほどの距離。

　私の住まいは天国。この世界はいずれ過ぎ去る。だから天国までなるべく楽しく、苦しまずに生きよう。好きなことを好きなだけやり、死ぬ直前にはしっかり信仰をもって、はい! 整いました! なんて思ったことはありませんか。

　でも、あなたは天国行きの待合室に座っていてはいけない。あなたは、救われた者としての一歩を踏み出すんだ。

　すべての人が神さまとともに歩めるように、時が良くても悪くても福音を伝えていこう。

29 日

恵みから恵みに前進しよう

> けれども、私が自分の走るべき道のりを走り尽くし、主イエスから受けた、神の恵みの福音を証しする任務を全うできるなら、自分のいのちは少しも惜しいとは思いません。
>
> [使徒20:24]

　かつてクリスチャンを迫害していたパウロの、回心後の働きは目覚ましい。ダマスコ途上でイエスと会って劇的に回心した後は、迫害されながら三度も宣教の旅に行き、投獄されてからは教会に多くの手紙を送った。そして、過去の失敗にも功績にも囚われることなく、つねに信仰の道のりを走り続けたんだ。

　あなたは、自分の失敗で悔やんだり、成功したことについて誇ったりしたことはありませんか。でも、私たちは過ぎ去った過去にも、まだ見ぬ未来にも行くことはできない。だから、過去を振り返るなら、神さまの恵みのみを思い出そう。

　あなたが福音を伝えるために前進し続けるなら、神が多くの恵みを与え続けてくれるよ。

日

力の源

> 「だれが主の心を知っているのですか。だれが主の助言者に
> なったのですか。だれがまず主に与え、主から報いを受けるの
> ですか。」すべてのものが神から発し、神によって成り、神に
> 至るのです。この神に、栄光がとこしえにありますように。アー
> メン。
>
> [ローマ11:34-36]

　なんでこんなことが起こるの? どうしてこんな事をしなき
ゃならないんだ…一見、遠回りをさせられているような経
験をしたことはありませんか。

　私たちが、失敗した…無駄だ! 災難だ! と思ったとして
も、それが無意味に起こっているのではありません。

　すべての事柄の背後には、神の知恵が働いています。神の知恵は、あまりにも高く深く、先を見通している
ので、私たちに測ることはできません。すべての中心は
神で、すべての事柄が、そこから発しています。

　どういうことでしょうか。それは、神が私たちを導くの
であれば、たとえ理解できないことであっても、結局は
神の愛に至るのです。あなたとともにおられる神が、とも
に試練を越え、解決を与えます。神を中心とした生活こ
そ、あなたの力の源なのです。

December

12月

❶ 日

アドベント
·····················

> ひとりのみどりごが私たちのために生まれる。ひとりの男の子
> が私たちに与えられる。主権はその肩にあり、その名は「不
> 思議な助言者、力ある神、永遠の父、平和の君」と呼ばれる。
>
> ［イザヤ9:6］

　アドベント、それは主の到来。救い主として来られ
る、キリストの到来を待ち望む期間。誰もが救いを必要
としている。苦しみの中で、もがき奮闘しているんだ。

　人は成功すると、我が物顔で自分を誇る。しかし結局
のところ、努力やそこから得られる成功も、神さまにかか
っている。

　イスラエルの民が神さまから離れた時、国は分裂し、
他国に占領された。かつては栄華を極めた神殿も廃墟と
なり、出口の見えない試練の中で救いを求めたんだ。

　あなたが主を待ち望まなければ、いつの間にか、神さ
まから離れてしまうだろう。だから、その名を「不思議
な助言、力ある神、永遠の父、平和の君」と呼ばれる
方を、日々待ち望もう。希望の光はそこにあるから。

必要のすべて

·····························

> マルタは…心が落ち着かず…言った。「…姉妹が私だけにも
> てなしをさせているのを、何ともお思いにならないのですか
> …。」主は答えられた。「…あなたは…思い煩って、心を乱し
> ています。しかし、必要なことは一つだけです。マリアはその
> 良いほうを選びました…」
>
> [ルカ10:40-42]

マルタはイエスをもてなすために忙しく準備をしていた。
そんな中、イエスの傍らで座っているマリアを見て、
苛立ちを覚えたのだ。マルタがマリアを見ると、イエスの
側に座り何もしていないように見えた。

しかし、真実はそうではなかった。イエスはマリアを
「良いほうを選んだ」と評価したのだ。マリアは何もし
ないことをして、イエスのことばに耳を傾けていた。それ
が、マリア流のもてなしだったのかもしれない。

私たちは忙しさの中で、苛立ち、人を批判することが
ある。忙しさは他人が作るのではない。自分の心の狭さ
が作り出しているのだ。

私たちは大切なことを忘れていないだろうか。「必要な
ことは一つ」とイエスは言う。あなたがその一つを選ぶ
なら、あなたに必要なすべての答えが与えられる。

日

聖徒の皆様へ

> 「わたしは、あなたを胎内に形造る前からあなたを知り、…聖別し、国々への預言者と定めていた。」私は言った。「ああ、**神、主**よ、ご覧ください。私はまだ若くて、どう語ってよいか分かりません。」**主**は私に言われた。「まだ若い、と言うな。…わたしがあなたに命じるすべてのことを語れ。」 [エレミヤ1:5-7]

　エレミヤは、国の消滅というイスラエル史上最も悲劇的な時代に、南ユダ王国で活躍した預言者です。およそ20歳の若さで、彼に主のことばが臨みました。「まだ若い」に使われているヘブル語は、「乳児」という意味があります。決して幼くはありませんが、「国々の預言者なんて無理!」と答えているのです。神は、そんなエレミヤに「すべてのことを語れ」と命じました。

　このことばは「すべてのことを語るようになる」とも訳せます。エレミヤは、反バビロニア気運が高まる中、バビロン王に服従するようにと、民にみこころを大胆に語りました。神の主権が、みこころを語る者の上にあり、その者を強めるのです。彼は迫害されましたが、数々の危機から救われました。主は、ご自分の聖徒を特別に扱われるのです。

神の約束に立つなら

> わたしは、この地の全住民の悪に対してことごとくさばきを下す。彼らがわたしを捨てて、ほかの神々に犠牲を供え、自分の手で造った物を拝んだからだ。さあ、あなたは腰に帯を締めて立ち上がり、わたしがあなたに命じるすべてのことを語れ。
>
> ［エレミヤ1:16,17］

　神はエレミヤに、バビロンによって南ユダ王国が滅ぼされることを告げさせます。この時、南ユダの王ゼデキヤは、反バビロン同盟を展開していました。

　また偽預言者たちは「私たちはバビロンを打ち破り、わざわいにあわない!」と偽りを語ったのです。エレミヤの預言は、国の政策を後押しするものではなく、南ユダの人々にとって、不愉快で不都合な預言でした。民が注目していることは、わざわいにあわないという点です。

　しかし、神が注目していることは、御声に聞き従うかどうかなのです。迫害を受けながらも、エレミヤが大胆に語り続けられたのは、神から命じられたことばを、握り続けていたからでしょう。

　神から語られたことばは、これほどまでに私たちを強くするのです。

日

優しい心

> 互いに親切にし、優しい心で赦し合いなさい。神も、キリストにおいてあなたがたを赦してくださったのです。
>
> ［エペソ 4:32］

優しい人って相手の気持ちに立っている。相手の目線で見て、相手の耳で聞いて、相手の心のテンポに合わせる。相手が関心をもっていることを、尊重してくれる人なんだ。決して自分の理想を押し付けない。人の欠点を責めずに、長所として見てくれたり、今できなくても、今度必ずできるって励ましてくれる。

だからみんなその人のことが好きになる。裏切られないし、変わらない愛を注いでくれるから。

イエスさまはそういう方。怖いくらいの優しさをもっている。罪人の気持ちがわかるから、人を赦せるんだろうね。そんな人にはなれないって、あなたは思うかもしれない。でも大丈夫。神さまが優しい心を、あなたのうちに造られるから。少しずつでもイエスさまの真似をしてみよう。

gift

> 神はあなたがたに、あらゆる恵みをあふれるばかりに与える
> ことがおできになります。あなたがたが、いつもすべてのこと
> に満ち足りて、すべての良いわざにあふれるようになるためで
> す。　　　　　　　　　　　　　　　　　　　[Ⅱコリント9:8]

　あれがない、これがないって、そりゃないよ。ないもの
ばかりに目がいってるから、あるわけがない。

　人と比べる必要はない。だって、人の強みは十人十色
で、あなたがすべての点で優っている必要はないから。
そんなことを思っていると、いつの間にかあれができな
い、これもできないにつながってくる。

　でも、あなたには神さまから与えられているものがたく
さんあるんだ。もしわからなかったら、今まで熱中してき
たものの中にヒントが隠されているよ。あなたには確か
に、神さまから贈られている gift（ギフト）がたくさんあ
る。

　そして、何よりも神さまご自身が、あなたとともにいる
んだ。だから今、与えられているものに感謝して、ひた
すら前に進んでいこう。

7 日

あなたの手を用いる神

> そこでイエスは、五つのパンと二匹の魚を取り、天を見上げ、それらのゆえに神をほめたたえてそれを裂き、群衆に配るように弟子たちにお与えになった。人々はみな、食べて満腹した。そして余ったパン切れを集めると、十二かごあった。
>
> [ルカ 9:16,17]

　飢え渇く群衆に与えられるものは、5つのパンと2匹の魚。弟子たちは自分たちの持ち物では、どうすることもできないことを知っていた。彼らは群衆を解散させるようイエスに頼んだが、イエスは「あなたがたが、あの人たちに食べる物をあげなさい」と答えられた。あまりにも無茶な注文だと、弟子たちは思っただろう。しかしイエスは、わずかな食べ物を祝福し、弟子たちに配らせた。そしてすべての人が満たされ、食べ物は12かご分も余ったのだ。

　私たちの周りには、飢え渇いている人々がいかに大勢いることだろうか。彼らは救いを探しても、わずかな希望しか見つからない。だからこそ、イエスはあなたの手を用いて、すべての人の必要を満たされる。

　あなたは神の祝福を見るだろう。

インマヌエル

·····················

> 「見よ、処女が身ごもっている。そして男の子を産む。その名
> はインマヌエルと呼ばれる。」それは、訳すと「神が私たちとと
> もにおられる」という意味である。　　　　　　[マタイ1:23]

　マリアは聖霊によって身ごもりました。しかし「救い主
が生まれる」良い知らせは、人々から誤解されかねない
ことでした。なぜなら、婚約中に身ごもることは、律法に
おいて不貞の罪にあたり、罰せられてしまうことだからで
す。夫のヨセフは正しい人で、律法を守っていました。
彼は、マリアがさらし者にされないように、内密に去らせ
ようとしました。その後、主の使いが夢の中に現れ「マ
リアを妻として迎えなさい」と告げます。簡単なことでは
ありませんでしたが、ヨセフは従いました。神がなされる
ことは、私たちの想像を遥かに超えています。

　神に従うことはとても難しいものです。しかしあなた
が、インマヌエルなるお方とともにいるなら、神はあなた
にみこころを理解させ、一歩ずつ前進させてくださるので
す。

9 日

常識はずれ

> 主は　あなたの足をよろけさせず／あなたを守る方は　まどろむこともない。／見よ　イスラエルを守る方は／まどろむこともなく　眠ることもない。
>
> [詩篇121:3,4]

「一週間24時間休みなく働いてください。給料は0円です」。そう言われたら、ボクは絶対に働かない。それでは意味がないから。働く理由は、自分の時間を価値あるものに変換すること。つまり、等価交換。働いて、行動や選択の自由を確保するために、一定のお金を手に入れるのは当然。何も貰わずに働き続けるなんて、お人好しを通り越して、ぶっ飛んだ奴…と多くの人が思うだろう。

しかし、あなたに見てほしいものがある。人の罪を背負い、あなたのために十字架につくイエスの姿を。あなたを守る神は、あなたのためにまどろむことも、眠ることもない。片時も、あなたから離れることはない。

あなたに向けられた神の愛は、常識はずれの大きなものなんだ。

日

人の目にどう映ろうとも

....

> わたしの目には、あなたは高価で尊い。わたしはあなたを愛している。
>
> [イザヤ43:4]

　神の目には、あなたは高価で尊い宝物。このことばを何度も聞いたことがあるでしょう。これを知ったあなたの自己価値は高まりましたか。

　もし、自分を受け入れることができないのなら、神の愛を、受け取りきれていないのかもしれません。愛の関係は通じあってこそ、成立するもの。あなたにとって、神の存在は喜びになっていますか。

　今も生きている神を、日々慕い求めていますか。それ以上に、人から認められることを求めてはいませんか。

　人の目に映る自分を、気にする必要はありません。大切なことは、神の目にあなたがどう映っているか、そして、あなたが神をどのように見ているかなのです。

　もし、あなたが神を宝物のように慕い信じるなら、みことばがさらに現実のものとなるでしょう。

⑪ 日

無駄な経験は一つもない

> ですから、私の愛する兄弟たち。堅く立って、動かされることなく、いつも主のわざに励みなさい。あなたがたは、自分たちの労苦が主にあって無駄でないことを知っているのですから。
>
> [Ⅰコリント15:58]

思った通りにならない。計画通りにいかないことなんて当たり前。やればやるほど成果が出ないことだってある。そんな時は焦るし、人から文句を言われることもあるんだよね。

でも、あなたは大丈夫。神さまがついているから。苦しい時は、成長している時。

もし長く感じるなら、それはあなたが大きく変わろうとしている証拠。だから、無駄な経験は一つもない。諦めず、希望をもって進んでみよう。

あなたが、神さまに近づくことに全集中するなら、神さまがすべて祝福してくださるよ。

主を喜ぶことは、あなたの力

> さらに、彼は彼らに言った。「行って、ごちそうを食べ、甘い
> ぶどう酒を飲みなさい。何も用意できなかった人には食べ物
> を贈りなさい。今日は、私たちの主にとって聖なる日である。
> 悲しんではならない。**主**を喜ぶことは、あなたがたの力だから
> だ。」
> [ネヘミヤ 8:10]

　主を喜ぶことは、あなたがたの力です。あなたは、神
を喜んだことはありますか？ 祈りを通してお願いし、喜ぶ
ことはあるかもしれません。しかし大切なことは、願望
を経由して神とつながるのではなく、神ご自身を喜ぶこと
でつながることなのです。人が神と直接つながるなら、
大きな祝福を得ます。聖なる日に、悲しんではならない
といいます。なぜでしょうか。私たちは喜んだり悲しんだ
り、その心の状態によって、物事の受け取り方が変わる
からです。

　もし、あなたの心が神を喜んでいるなら、神から語ら
れることばを批判することなく、正しく理解することがで
きるでしょう。そして、それがあなたの力となるのです。

　あなたは神を愛していますか、そうであるなら神ご自身
を喜びましょう。

自分を赦そう

....

> わたし、このわたしは、わたし自身のためにあなたの背きの罪
> をぬぐい去り、もうあなたの罪を思い出さない。
>
> [イザヤ43:25]

もーそろそろいいんじゃないかな。いつまでもくよくよす
ることじゃない。だって悔い改めたんでしょ。その罪、赦
されているよ。えっ、でも…取り返しのつかないこと…そ
んなこと知ってる。でも大丈夫。良いことだって、悪いこ
とだって取り返しはつかないよ。故意か弾みかは知らな
いけど、過ぎたことだよ。それを糧にして、これからを考
えればいいんじゃないかな。

あなたが神にしたことに対して本当に悔いてるから、吹
っ切れないんだよね。でも、改めて大丈夫と伝えたい。
神さまはあなたの罪を思い出さないって言ってるから、後
ろを振り向いて立ち止まらないで。

もうあの時のあなたじゃない。そろそろ自分を赦してあ
げてね。

今から新たに進んでいこうよ。

14 日
是が非でも
ぜ　　ひ

> 斧が鈍くなったときは、刃を研がないならば、もっと力がいる。
> しかし、知恵は人を成功させるのに益になる。
>
> ［伝道者10:10］

　何クソ根性。何が何でも。是が非でも。必ず成功さ
せる。いや、成功するまで頑張ります！　そんな気持ちが
必要な時もある。だけど、そんな時こそ、熱い思いと冷
静な心が必要。情熱は大切だけど、その情熱を形にす
るには、賢い計画を立てることが必要だ。その計画、費
やした労力の倍以上の成果を出さなければ、賢い計画と
は言えないだろう。賢い計画を立てるには、知恵が必要
なんだ。がむしゃらに同じ動作で斧を振り続けても、そ
の斧の切れ味が悪ければ効率が悪い。

　大切なことは、成功を生み出す知恵。がむしゃらに努
力した達成感じゃない。

　あなたの計画を神さまにゆだねて、熱心に神さまの知
恵を求めていこう。

日

あなたのために生きる

> 神は、すべての人が救われて、真理を知るようになることを望んでおられます。神は唯一です。神と人との間の仲介者も唯一であり、それは人としてのキリスト・イエスです。
>
> ［Ⅰテモテ2:4,5］

　あなたの友人に、福音を伝えるのは誰ですか。牧師、hi-b.a. スタッフ、宣教師でしょうか。確かに彼らは聖書の専門家、福音を語るプロです。しかし、あなたの友人は彼らの声に耳を傾けるでしょうか。

　おそらく、あなたの友人が耳を傾けるのは、あなたの声でしょう。神は、すべての人に救われてほしいと願っています。そこにはあなたも、友人も含まれているのです。神が願われているのですから、あなたが福音を語る時、一人ではありません。

　もし、友人が救われてほしい（福音を受け取ってほしい）と願うなら、あなたの心はみこころと一致しているのです。

　先に福音を知らされた者として、神とともに福音を伝えていきましょう。

それを問題視するなら、神さま見上げよう

> たとえ　死の陰の谷を歩むとしても／私はわざわいを恐れません。／あなたが　ともにおられますから。　　　［詩篇 23:4］

　高いところを歩くと、足がすくんだり体が動かなくなったりする。ましてや死の陰の谷なんて言ったら、怖くて進めなくなるのは当然だろう。以前、工事現場の鉄筋の上を歩くコツを教えてもらったことがある。それは、鉄筋の数メートル先にポイントを定めて、目を離さないで歩くということ。

　すると、体が安定し高所の恐怖も軽減する。あなたの周りには、いろいろな問題があるかもしれない。でも、問題が多い時こそ、神さまに一点集中して、一歩いっぽ踏み出すんだ。

　そうすれば、恐れはあなたから遠ざかり、神さまが近くであなたを祝福していることに気が付ける。

　絶望を感じた時こそ、あなたは神さまのもとに静かに近づいていこう。

17 日

最悪の人間が、義と認められた?!

> あなたがたに言いますが、義と認められて家に帰ったのは、あのパリサイ人ではなく、この人です。だれでも自分を高くする者は低くされ、自分を低くする者は高くされるのです。」
>
> [ルカ18:14]

このたとえ話を簡単に説明すると、義と認められたのは、正しい人じゃなくて、間違っている人?! って話になる。パリサイ人は、当時罪人認定されていた収税人と自分とを比べて、自分は正しいと思っていたんだ。

でも、人と比較することで、自分が正しくはならない。ましてや、罪を思うことが日常茶飯事の私たち人間が、神さまに自分の正しさを証明することはできない。

だって、だれも神さまの規準にかなわないでしょ? だから、大切なことは神さまの前に自分を低くすることなんだ。そうすれば、あわれみ深い神さまは、あなたを赦し救い、祝福してくださる。

人と比較することは必要ない。

素直な心で、神さまの前に出ていこう。

日

ドタキャンの嵐でも

　ある女子高生のお話。教会で育った彼女は、信仰生活のすべてが順調だったわけじゃない。でも、神の愛を知った時、友達に神さまの愛を伝えたくなったんだ。意を決して伝道するも、集会に誘った友人たちからはドタキャンの嵐。彼女は諦めるどころか、もっと伝道した。だけど…誰も集会に来なかったんだ。ボロボロになっていく彼女のもとに、いつの間にか同じ思いをもつ信友が集まる。

　そして、毎週集まり、友達が神の愛を信じることができるように祈った。逆風が吹くたびに、心を注ぎ出して祈ったんだ。後に行われた伝道集会には、信じられないほどの友達があふれていた。あなたが本当に心を注ぎ出して祈るなら、神さまは必ず答えてくださる。

　信頼する者を、神さまは無視できないんだ。

19 日

彼女は自分のできることをした

> まことに、あなたがたに言います。世界中どこでも、福音が宣べ伝えられるところでは、この人がしたことも、この人の記念として語られます。」
>
> [マルコ14:9]

　イエスさまへの愛。何をするにも、これがないと始まらない。イエスは、ベタニアに住む、ツァラアトに冒されていたシモンを癒やされた。その後、シモンの家で食事をしておられると、ある女性が、純粋で非常に高価なナルド油の入った小さな壺を持って来た。そして、おもむろにその壺を割り、イエスの頭に香油を注いだんだ。今で言うと、300万円は下らない高価なもの。香水や香油は少しずつ使うものだ。

　だけど、彼女は一気に使い切ったんだ。なぜなら、彼女の中にはイエスを愛する愛しかなかったからだ。その出来事を見た弟子たちは憤慨した。

　しかし、イエスは自分のできることをした彼女を、記念として語られると言われたんだ。

　だから、あなたも彼女を模範としよう。

真実の愛

> イエスはこれを聞いて言われた。「医者を必要とするのは、丈夫な人ではなく病人です。『わたしが喜びとするのは真実の愛。いけにえではない』とはどういう意味か、行って学びなさい。わたしが来たのは、正しい人を招くためではなく、罪人を招くためです。」
>
> [マタイ 9:12,13]

　世界一大きな国、ローマ帝国。イスラエルは、その植民地だった。マタイはローマ帝国のために、祖国を裏切り税金を取り立てる役回り。この職業に憧れる者は誰もいない。収税場に座っていたマタイは、孤独感に包まれていただろう。

　そんなマタイに、イエスは「私についてきなさい」と声をかけた。イエスは、収税人や罪人と親しくしておられた。なぜなら、イエスは魂の医者であり、孤独に悩む一人ひとりを、あわれんでいたからだ。

　イエスは、どんな人にも真実の愛を示される。神は、いけにえ（自分の正しさを示すこと）を喜ばれない。罪を告白し、ご自身について来る者を喜ばれるのだ。

　「私についてきなさい」とのイエスのことばに、今日あなたは、どのように応えますか。

21 日

苦しみを知るからこそ、喜びの価値がわかる

> 苦しみにあう前には　私は迷い出ていました。／しかし今は
> あなたのみことばを守ります。　　　　　　　　[詩篇119:67]

　苦しみを知るからこそ、喜びの価値がわかる。病気に
なれば、健康のありがたみがわかるし、身近な人を亡く
せば、その存在の大きさに気づける。人に苦しみという
経験がなければ、すべてが当たり前になり、幸せに対す
る憧れさえ、なくなるのかもしれない。

　あなたは今、何に苦しんでいるだろう。苦しい時は孤
独を感じるし、誰かの優しい一言でさえ、心に重くのし
かかる。

　でもその苦しみは、苦しみを理解する経験なんだ。

　いつ終わるかわからない苦しみも、やがて終わる時が
来る。もし、あなたが人の苦しみを理解することができる
なら、あなたはさらに、神さまに頼って生きるだろう。

　だから苦しみから学んで、神さまに愛の深い人間にし
てもらおう。

救いをもたらす神の力

> 私は福音を恥としません。福音は、ユダヤ人をはじめギリシア人にも、信じるすべての人に救いをもたらす神の力です。福音には神の義が啓示されていて、信仰に始まり信仰に進ませるからです。「義人は信仰によって生きる」と書いてあるとおりです。　　　　　　　　　　　　　　　　　　　[ローマ1:16,17]

　福音ってなんだろう。パウロは、福音とは「人に救いをもたらす神の力」と言っている。この力ということばには、ダイナマイトのように爆発的なって意味がある。

　というのは、福音を信じるなら福音が死の力を打ち破り、私たちは罪から救われ、永遠に生きる者へと変えられるから。今まで、罪に従って生きてきた者が、神さまの爆発的な力によって、変革される。福音とは、ただ救われて天国行きを保証されただけじゃない。救われた者としての生き方がスタートしたっていう意味。

　あなたが福音に生きることは、簡単なことじゃないだろう。そこには信仰の戦いがあるから。

　だから、爆発的な福音の力に期待しよう。

　神さまはいつもあなたに力を与え、救ってくださるから。

23 日

イエスの食べもの

> イエスは彼らに言われた。「わたしには、あなたがたが知らない食べ物があります。」そこで、弟子たちは互いに言った。「だれかが食べる物を持って来たのだろうか。」イエスは彼らに言われた。「わたしの食べ物とは、わたしを遣わされた方のみこころを行い、そのわざを成し遂げることです。[ヨハネ4:32-34]

　世の中どこを見ても、嘆き、悲しみ、苦しみがあります。このような悩みの中にある人々に対して、私たちは一体何ができるでしょうか。励ましのことばをかけたくても、何を語ったらよいのかわからなくて、自分の無力さを感じたことはありませんか。

　イエスの「食べ物」は、みこころを行うことでした。みこころを行うことは、神からの栄養を受けることであり、神によって生きることなのです。イエスは神からの食物を食べていたからこそ、神のわざを行うことができました。

　神のことばを心に蓄え、実行するなら、今あなたが抱えている問題を乗り越える力が与えられるばかりか、霊的な健康と強さが与えられ、苦しみの中にある人々を励ますことができるでしょう。

私たちに住まわれる神

> ことばは人となって、私たちの間に住まわれた。私たちはこの
> 方の栄光を見た。父のみもとから来られたひとり子としての栄
> 光である。この方は恵みとまことに満ちておられた。
>
> [ヨハネ1:14]

　神と人が一つになった方、それがキリストです。神の
ことばが肉体となり、私たちの間に住まわれました。この
方は私たちのために十字架で血を流し、罪から来る問題
を完全に解決したのです。

　それだけでなく、私たちを新しく生まれ変わらせ、聖
霊の宮としてくださいました。神の霊は、神の内にあるの
ですが、いまや私たちのうちにもあるのです。

　あなたのうちに、人を傷つけてしまう心や、離れられな
い罪はありませんか。たとえそうであっても、失望する必
要はありません。あなたは、罪を憎み離れようとしている
のです。それこそ聖霊の働きの現れです。

　あなたが神に頼るなら、聖霊の力がさらに注がれ、罪
から遠ざかります。神は2000年前に来られただけでは
なく、あなたのうちに働いているのです。

25 日

救われた者として

> 今日ダビデの町で、あなたがたのために救い主がお生れになりました。この方こそ主キリストです。あなたがたは、布にくるまって飼葉桶に寝ているみどりごを見つけます。それが、あなたがたのためのしるしです。　　　　　　　　[ルカ2:11,12]

　メリークリスマス！　主の御名を賛美します！　今年もクリスマスを迎えられること、感謝です！　こんなにワクワクする時は、ありませんよね。クリスマスの期間、みなさんはいかがお過ごしですか…。

　実際のところ、クリスマスって楽しい？　いつの間にか、あまりテンションの上がらない日になっていませんか。

　十字架の愛、神の恵み、信仰に生きる素晴らしさ、あなたは全部聴いていて知っているはずです。

　でも、知っていることと、それに生きているのでは大きな違いがあります。あなたは、神があなたのために命を犠牲にするほどの、価値のある生き方をしていますか。

　この期間、死ぬためにお生れになった赤子のことを覚えて、救われた者としての生き方を考えましょう。

賢くキリストから学ぼう

> ですから、愛されている子どもらしく、神に倣う者となりなさい。
>
> ［エペソ 5:1］

「ですから」は、１節前（前章の最後）のエペソ４章32節にかかっているんだ。「互いに親切にし、優しい心で赦し合いなさい。神も、キリストにおいてあなたがたを赦してくださったのです」。光の子どもの生き方は、神さまの愛と、赦しの中にある。

　人は誰でも間違うことがある。十字架の赦し、この恵みがなければ、「光の子ども」としての喜びに生きることができないんだよね。

　「光の子ども」に関しての模範ばかりが示されがち。だけど、人間の努力や正しさによって、光の子として生きるんじゃない。「神に倣う者となりなさい」がポイント。

　これは、神を真似てみなさい、というものなんだ。だから、賢くキリストから学ぼう。そうしたら、神が少しずつ成長させてくれるよ。

27 日

的外れ
··············

> 罪の報酬は死です。しかし神の賜物(たまもの)は、私たちの主キリスト・
> イエスにある永遠のいのちです。　　　　　　[ローマ6:23]

　罪の本質って、的(まと)が外れているということなんだ。何
か悪いことをしてしまったのは、的外れな思考の結果。

　つまり、神さまの教えを無視した思考や言動、これが
的外れ、すなわち罪なんだよね。

　罪って、最初は魅力的に感じることがある。だけど、
その先には苦味と絶望と後悔が待っているんだよね。

　聖書には、神さまが人間に求めている規準が書かれて
いる。その規準に生きることはとても難しい。本当の神さ
まを知っていたとしても、人は従わないことがある。神さ
まはそれを知った上で、あなたの罪を背負い、十字架に
かかったんだ。的外れに生きてしまうと、結局一番傷つ
くのはあなた自身なんだよね。だから、自分を励まして神
さまに従っていこう。

28 日

バカとは関わるな?!

....

> そのとき、カレブがモーセの前で、民を静めて言った。「私たちはぜひとも上って行って、そこを占領しましょう。必ず打ち勝つことができます。」しかし、彼と一緒に上って行った者たちは言った。「あの民のところには攻め上れない。あの民は私たちより強い。」
>
> [民数13:30,31]

バカとは関わるなって、ちょっと乱暴な言い方。この言い方には全く賛成できないけど、確かに関わらないほうが良い人たちもいる。それは、できない理由を挙げ連ねて、行動しない人たちだ。そんな人は新しいチャレンジに反対することで、安心している。

同じ場所で、同じことを繰り返すことが安全だと勘違いしているんだ。この安心感は、安っぽい。

なぜって? 後々振り返る時には、失敗したことより、チャレンジしなかったことで後悔するから。結局、反対者たちは、約束の地に入れなかった。そのことでヨシュアとカレブは反対者の巻き添えになる。そして、40年間荒野にとどまることに…。

関わる相手によっては、時が無駄になるかもしれない。だから、あなたは前向きな人たちと関わろう。

December   383

29 日

今の苦しみはないようなもの

> 私はあなたの仰せの道を走ります。／あなたが私の心を広く
> してくださるからです。　　　　　　　　　[詩篇 119:32]

　みことばに生きるって簡単じゃない。しかも走るなん
て、とんでもなく大変だと思うかもしれない。実行するな
ら、自分の弱さばかりに気が取られてしまうから。

　でもみことばに生きるなら、神さまの存在がグッと近く
なる。何より神さまが、どういう方なのかがわかるんだ。

　あなたが弱くても、課題を抱えていても、神さまの助
けは変わらない。あなたを励まし、力を与え一緒に走っ
てくださる方。

　あなたが神さまと走り続けるなら、あなたは少しずつ、
でも着実に神さまの性格に似てくる。そしていつの間に
か、あなたには海のように広い心が育つんだ。

　その心は神さまの深い愛と慰めに満ちている。

　そんな人になれるのかと思うと、今の苦しみはないよう
なものだよ。

30 日

聖なる宮を仰ぎ見る

> 私は言いました。『私は御目の前から追われました。ただ、もう一度、私はあなたの聖なる宮を仰ぎ見たいのです。』
>
> ［ヨナ 2:4］

　ヨナはニネベの人々に、神のことばを伝えるように命じられた。しかし、ニネベはアッシリアの首都であって、ヨナの敵国だったんだ。だから、ニネベの人々が悔い改めて救われることは、彼の本意ではなかった。ヨナは御顔（みかお）を避け、反対方向のタルシシュに向かう。彼はタルシシュに向かっただけで、悪いことはしていない。

　けれども問題があった。御顔を避けてしまったことだ。

　その後、大きな魚に飲み込まれて、三日三晩真っ暗闇の魚の腹の中に…。きっと御顔を避けるとは、暗闇のような状態なんだろう。御顔を避けるとは、あらゆる良いことに背を向ける状態だ。

　あなたは今、どこを向いている？　どんな時でも、聖なる宮におられる主の御顔を見上げていこう。

③31 日

最後の一秒まで

> 私たちが神を愛したのではなく、神が私たちを愛し、私たちの罪のために、宥めのささげ物としての御子を遣わされました。ここに愛があるのです。　　　　　　　　　［Ⅰヨハネ4:10］

　神さまの愛を、あなたはどれほど感じていますか。1年も早いもので、あと少しで終わろうとしています。この1年を振り返れば、楽しいこと苦しいこと、たくさんあったでしょう。楽しみ苦しみは表裏一体で、どちらもあるから生き甲斐があるんです。思うようにならない葛藤や、悲しさのあまり息もできないことがあったかもしれません。

　しかし、そんなことをしながらも、私たちは成長していきます。不確かな一歩しか踏み出せていないように思えても、確かに注がれていたのは、変わらない神さまの愛。あなたが今この『Friends of God. いのちの糧366日』を読んでいるのも、神さまの愛が、この1年の間も確かに注がれていたからです。神さまがまず、あなたを愛してくださいました。だからあなたも今年の最後の1秒まで、神さまを愛しましょう。

高校生聖書伝道協会（hi-b.a.）について

hi-b.a. は、high school born againers の略。
現在、渋谷の hi-b.a. センターを中心に、関東・関西・東海、国際の高校生のために数々の活動を展開。日本全国の高校生に福音を伝えるために、47 都道府県に救いの拠点（定期集会）を置くことを願っている。

【お問い合わせ】
〒 150-0002　東京都渋谷区渋谷 2-22-16
Tel: 03-3409-5072　Fax: 03-3409-5076
URL　http://www.hi-b.a.com/

著者

川口竜太郎（かわぐち・りゅうたろう）

高校生聖書伝道協会（hi-b.a.）スタッフ。
活水の群れキリスト伝道隊国内宣教師。
東洋美術学校絵画科卒業、絵画研究科中退。英国での語学研修
の後、OM の世界宣教船 Doulos 号での宣教生活を終え帰国。
活水聖書学院で学び、高校生聖書伝道協会（hi-b.a.）のスタッフ
となり、現在に至る。

聖書 新改訳2017ⓒ2017 新日本聖書刊行会
許諾番号4-1-914号

装丁・本文レイアウト＝梶原結実　　挿画＝EMMA

Friends of God. いのちの糧 366 日

2024年1月1日　発行

著　者　　川口竜太郎

印刷製本　　日本ハイコム株式会社

発　行　　いのちのことば社
　　　　　〒164-0001 東京都中野区中野2-1-5
　　　　　電話 03-5341-6924（編集）
　　　　　　　　03-5341-6920（営業）
　　　　　FAX 03-5341-6921
　　　　　e-mail：support@wlpm.or.jp
　　　　　http：//www.wlpm.or.jp/